125 Brincadeiras
para estimular o cérebro do seu
Bebê

livros para uma nova consciência

PlayGround é um selo da Editora Ground dedicado ao desenvolvimento do bebê e da criança nas áreas da saúde, alimentação, técnicas corporais, brincadeiras, relaxamento e cooperação.

Edição Revista

125 Brincadeiras
para estimular
o cérebro do seu
Bebê

Jackie Silberg
com **contribuições de Keith Pentz**

e ilustrações de **Kathi Dery**

3ª edição
São Paulo / 2014

Editora Ground

Copyright © 2012 Jackie Silberg

Título original: 125 Brain Games for Babies,
Gryphon House, Inc.
www.gryphonhouse.com

Tradução e adaptação: Dinah Abreu Azevedo
Editoração e revisão: Antonieta Canelas
Capa: Niky Venâncio

CIP-BRASIL. CATALOGAÇÃO NA PUBLICAÇÃO
SINDICATO NACIONAL DOS EDITORES DE LIVROS, RJ

S576c

Silberg, Jackie, 1934-
125 Brincadeiras para estimular o cérebro do seu bebê / Jackie Silberg, contribuições de Keith Pentz ; ilustrações de Kathi Dery; [tradução Dinah Abreu Azevedo].
- 3. ed. rev. - São Paulo: Ground, 2013.
152 p. : il. ; 23 cm.

Tradução de: 125 brain games for babies
Inclui índice
ISBN 978-85-7187-232-5

1. Crianças - Desenvolvimento. 2. Aptidão em crianças 3. Aptidão em lactentes. 4. Inteligência - Problemas, questões, exercícios. 5. Jogos educativos. 6. Psicologia da aprendizagem. 7. Psicologia da primeira infância. I. Título.

13-03358	CDD: 649.122
	CDU: 649.16

29/07/2013

Direitos reservados:
EDITORA GROUND LTDA.

Vendas e distribuição:
Editora Aquariana Ltda.
vendas@aquariana.com.br
www.ground.com.br

Sumário

Introdução, 7

Do nascimento aos 3 meses
Brincadeiras com recém-nascidos, 12
Os sons das batidas do coração, 13
Amor e carinho, 14
Fala de criança, 15
A brincadeira de soprar, 16
Olha o meu dedo!, 17
Olá!, 18
Onde está?, 19
Criando movimentos, 20
A brincadeira dos chapéus, 21
Experiências sensoriais, 22
Sombras, 23
Acreditando no sonho, 24
Bicicleta, 25
Flexionar os joelhos, 26
Ginastiquinha, 27
Brincadeiras com a língua, 28
Canções para trocar a fralda, 29
Nós somos o mundo, 30
Brincadeiras de trocador, 31
Linhas cruzadas, 32
Rola, bola, 33
Cheiros calmantes, 34
Para desenvolver o tato, 35
Pra cima, pra baixo, 36
Qual é o seu nome?, 37
Para conectar neurônios, 38
Repetição de sons, 40
De bruços, 41

De 3 a 6 meses
Olha o que estou vendo!, 42
Quem é esse bebê?, 43
Truque de mágica com meia, 44
Vamos olhar, 45
Caixa de risadas, 46
Onde está o meu bebê?, 47
Para o alto-tô!, 48
Eu posso fazer música, 49
Subir e descer, 50
Subir a escada, 51
Bate-papo, 52
Converse com seu bebê, 53
Bá, bá, bebê, ó, 54
Cambalhota do ursinho, 55
O sapo não lava o pé, 56
Mais ginastiquinha, 57
Adoro música, 58
O trenzinho, 59
Balançar, 60
Primeiros movimentos, 61
Empurrar o bebê, 62
Alvo móvel, 63
Mudar de mão, 64
Onde está o brinquedo?, 65
Despertar a curiosidade, 66
A brincadeira da echarpe, 67
Comunicação com o seu bebê, 68
Uma coisa de cada vez, 69
Aprender palavras, 70
Estender a mão para pegar um objeto, 71
Os encantos da música, 72

5

De 6 a 9 meses

Brincadeiras com o espelho, 74
Sons por toda parte, 75
Música ao vivo, 76
O que foi que você disse?, 77
Rá-Tim-Bum, 78
Chocalhos, 79
Acarajé, mão no pé, 80
Mindinho, seu vizinho, 81
Poderosinho, 82
De ponta a ponta, 83
Esconde-esconde com boneco, 84
Eu sei que você está por aí, 85
Achou!, 86
Surpresa!, 87
Mais brincadeiras de
    esconde-esconde, 88
Esconde-esconde com música, 89
Coisas para apertar, 90
Sentir texturas, 91
Música e dança, 92
Cantar e recitar, 93
Abracadabra, 94
Rima de boa noite, 95
Chaves divertidas, 96
Acenar, 97
Brincar de ouvir, 98
Dicas de leitura, 99
Brincar de subir, 100
Imitações, 101
Balancinho, 102
Balançar e cantar, 103
Leia de novo!, 104
Rosto colado, 105
Língua gestual, 106

De 9 a 12 meses

Explorando o mundo lá fora, 108
Procura e acharás, 109
Onde está_____?, 110
Eu toco, 111
Quebra-cabecinha, 112
Batatinha quando nasce, 113
Banho no brinquedo, 114
Tudo novo de novo, 115
Um, dois, três, chuta, 116
Enrola, enrola, 117
Brincadeirinhas com o corpo, 118
Brinquedos empilhar/encaixar, 119
Eu sou pequenininho, 120
Vou te pegar, 121
Faça o que eu faço, 122
Puxa, puxa!, 123
Ritmos lentos e rápidos, 124
Música vocal, 125
Lembranças do zoológico, 126
Já sou grande, 127
Mudanças, 128
Os dentinhos, 129
Caixa de surpresas, 130
Estourar bolhas de sabão, 131
Passeio de carrinho, 132
Descobrindo os livros, 133
Fazer compras, 134
Cai, cai, balão, 135
Cadê meu ursinho?, 136
Eu consigo, sim, 137
Afundar ou flutuar, 138
Olha só, lá vem!, 139

Índice remissivo, 140
Referências, 145

Introdução

"A casa já tem novo dono, novo rei no trono, Sua Majestade, o Bebê!" Tão frágil, tão inocente, tão fofinho – o que você pode fazer para ajudar seu bebê a crescer e se desenvolver? Quando você conversa com ele, o embala ou canta para ele? A resposta é **todo dia**! Quando ele vai entender o que você está dizendo? Quando vai reconhecer quem você é? A resposta é **agora**!

Toda vez que você conversa com seu bebê, toda vez que o embala, canta ou toca nele, está ajudando a desenvolver o seu cérebro. Os neurônios do cérebro de seu bebê estão se conectando e formando circuitos.

São muitas as coisas que um bebê recém-nascido consegue fazer:

- Focalizar o rosto que está a 10 cm de seus olhos;
- Reconhecer sua voz e virar a cabeça na direção do som da sua voz;
- Reagir ao ser tocado;
- Sugar;
- Bocejar, espirrar e ficar com soluço;
- Agarrar objetos colocados em suas mãos;
- Comunicar-se através do choro.

Quando a criança chega aos três anos de idade, o cérebro já fez cem mil trilhões de conexões – mais ou menos o dobro das conexões que os adultos têm. Algumas células cerebrais, chamadas neurônios, são ligadas a outras células antes do nascimento. Elas controlam as batidas do coração do bebê, a respiração e os reflexos, e regulam outras funções essenciais para a sobrevivência. O resto das conexões cerebrais estão esperando para ser "ativadas". As conexões que os neurônios fazem com outros neurônios chamam-se sinapses. Uma única célula cerebral pode estar ligada a mais de 10 mil outras.

Introdução

Embora as diferentes partes do cérebro se desenvolvam em ritmos diferentes, estudo após estudo mostrou que o auge do período de produção de sinapses é entre o nascimento e cerca de 10 anos de idade. Durante essa fase, o peso do cérebro triplica, quase atingindo o tamanho do cérebro adulto. Os cientistas acreditam que a estimulação que os bebês e as crianças pequenas recebem determinam as conexões que se formam no cérebro.

Como o cérebro sabe quais as conexões que deve manter?

É aqui que as primeiras experiências entram em cena. É por meio da repetição que as conexões cerebrais se tornam permanentes. Por outro lado, uma conexão que nunca foi usada, ou só é usada de vez em quando, tem pouca probabilidade de sobreviver. Por exemplo: uma criança com quem raramente alguém conversa, ou para quem não se leem histórias nos primeiros anos pode ter dificuldade em dominar a capacidade da fala mais tarde. E uma criança com quem pouco se brinca pode ter dificuldade de adaptação social quando crescer. O cérebro de uma criança floresce com os *feedbacks* de seu meio ambiente. São as experiências da criança que fazem o cérebro se transformar num órgão que pensa e sente. É muito provável que uma criança que disfruta de um ambiente rico em termos de linguagem vai aprender a falar muito bem. Um bebê cujos buuus despertam sorrisos, em vez de um rosto apático, tem mais chances de se tornar receptivo e ativo emocionalmente.

O carinho que um bebê recebe vai ter efeitos nítidos e duradouros sobre o seu desenvolvimento e sua capacidade de aprender, enfrentar tensões e administrar emoções. Os bebês florescem quando recebem cuidados carinhosos nos seus primeiros tempos de vida.

125 Brincadeiras para Bebês

Introdução

Os cientistas continuam descobrindo mais coisas sobre o funcionamento do cérebro humano! Sabemos que as experiências dos primeiros anos têm um impacto profundo sobre o cérebro dos bebês. A pesquisa também confirma aquelas convicções antigas de que a capacidade do indivíduo aprender e florescer num número variado de ambientes depende da interação entre a natureza (suas capacidades herdadas geneticamente) e os cuidados (carinho, estimulação e educação que ele recebe), e que o cérebro humano é construído de forma a se beneficiar da experiência e da boa educação, principalmente em seus primeiros anos de vida.

A melhor forma de ajudar a desenvolver as conexões do cérebro do bebê é dar-lhe o que ele precisa, isto é, um ambiente interessante de explorar, seguro e cheio de pessoas que vão responder às suas necessidades emocionais e intelectuais cantando para ele, abraçando-o, conversando com ele, lendo para ele. Todas essas interações ajudam a desenvolver o potencial do cérebro para o aprendizado futuro.

Todas as brincadeiras deste livro desenvolvem a capacidade cerebral do bebê. São os tijolos do aprendizado futuro – um bom início, um início sólido para o bebê. E bem divertidas, lógico!

Revisar este livro foi uma experiência esclarecedora para mim, pois significou descobrir muitas novidades no campo da pesquisa do cérebro. Há muitos livros novos citados na bibliografia com as informações mais recentes.

Introdução

Sinto uma gratidão imensa pela oportunidade de aprender algo sobre nossos tesourinhos e a forma de desenvolvimento de seu cérebro. Sempre acreditei que os bebês de 10 dias são tão inteligentes quanto os estudantes universitários. Só não têm ainda a capacidade de se expressar, nem experiências que lhes sirvam de base. Quando fizer as brincadeiras deste livro com o seu bebê, tenho certeza de que você vai concordar comigo!

Do nascimento aos 3 meses

Do nascimento aos 3 meses

Brincadeiras com recém-nascidos

- Recém-nascidos reconhecem a voz dos pais. Se você passou a mão na barriga e conversou com seu bebê durante a gestação, ele vai conhecer o som da sua voz.
- Quando seu bebê estiver deitado de costas, vá até um dos lados do berço e chame-o pelo nome.
- Continue dizendo seu nome até que ele mova os olhos ou a cabeça na direção da sua voz.
- Vá até o outro lado do berço e diga seu nome outra vez.
- Massageie delicadamente o bebê enquanto sorri, olhe-o nos olhos e chame-o pelo nome.

O que diz a pesquisa cerebral

Quanto mais delicada for a estimulação que você fizer em seu bebê, tanto maior é o número de sinapses e conexões que se irão formar.

125 Brincadeiras para Bebês

Do nascimento aos 3 meses

Os sons das batidas do coração

- Pegue seu bebê no colo e apoie a cabecinha dele no seu peito para ele poder ouvir e sentir as batidas do seu coração.
- Preste atenção à sua própria respiração e à respiração de seu bebê.
- Deixe o bebê ter a experiência do contato de pele com pele e dos ritmos naturais de seu corpo.

O que diz a pesquisa cerebral

Ainda no útero, os bebês internalizam os padrões rítmicos que ouvem. O seu bebê sentirá calma e conforto com os sons rítmicos da sua respiração e batimentos cardíacos.

Do nascimento aos 3 meses

Amor e carinho

- Olhe bem nos olhos do seu bebê e faça-lhe carinhos pelo tempo que ele parecer estar gostando e desejando esses contatos.
- Pegue seu bebê no colo e o embale, balançando-o de um lado para o outro.
- Diga o nome do bebê e, depois, "eu te amo".
- Faça o possível para o seu bebê ter muitos momentos com alguém que o pegue no colo, que converse com ele, que o reconforte e acalme.

O que diz a pesquisa cerebral

Alimentar, cuidar e fazer carinho no seu bebê desde o momento do parto ajuda a criar bem-estar e respostas emocionais para as experiências de vida do futuro.

Fala de criança

Do nascimento aos 3 meses

- Quando você usa " fala de criança" com bebês, você está se comunicando com eles e incentivando respostas vocais, o que, por sua vez, desenvolve a faculdade da fala.
- Diga coisas como, "Que bebezinho mais lindo!" ou "Olha só esses dedinhos!".
- Quando usar a "fala de criança", segure o bebê perto do rosto e olhe bem nos olhos dele.
- Cante, ria e faça barulhos engraçados para atrair a atenção do bebê.

O que diz a pesquisa cerebral

Os bebês respondem à "fala de criança" – sons agudos imitando a criança que os adultos emitem ao conversar com seus bebês. Como resultado, os circuitos do cérebro para audição se beneficiam quando ouvem uma variedade de timbres, tons e sons.

Do nascimento aos 3 meses

A brincadeira de soprar

- Essa brincadeira ajuda o bebê a tomar consciência das diferentes partes do corpo.
- Sopre delicadamente as palmas das mãos de seu filho. Ao soprar, diga as seguintes palavras, cantando como se fosse um estribilho:

    As mãozinhas do bebê.

- Depois beije as palmas de suas mãozinhas.
- Sopre outras partes do corpo. A maioria dos bebês gosta de sopros delicados nos cotovelos, dedos, pescoço, bochechas e dedos dos pés.

O que diz a pesquisa cerebral

Experiências que usam os cinco sentidos ajudam a fazer conexões que orientam o desenvolvimento do cérebro. As primeiras experiências têm um impacto decisivo sobre a arquitetura do cérebro.

125 Brincadeiras para Bebês

Olha o meu dedo!

Do nascimento aos 3 meses

- Essa brincadeira fortalece as mãos e dedos do bebê.
- Ponha o bebê sobre as pernas, olhando para você.
- Coloque seu indicador na frente do rosto do seu bebê.
- Ele provavelmente vai segurar seu dedo, pois este é um reflexo natural dos recém-nascidos.
- Toda vez que ele segurar seu dedo, diga palavras positivas como, "Que bebezinho maravilhoso!" ou "Nossa, que força!".
- Essa brincadeira também ajuda a desenvolver a capacidade de seguir os objetos com os olhos.

O que diz a pesquisa cerebral

O simples fato de estender a mão para pegar um objeto desenvolve a coordenação entre mão e olho.

Do nascimento aos 3 meses

Olá!

- Quando seu bebê vê o seu rosto, fica contente.
- Com o seu rosto bem perto do rosto de seu bebê, diga o seguinte:

> Olá, bebezinho, olá!
> Olá, meus dedos sabem tocar.
> Olá, vou tocar seu narizinho. (Toque o nariz do bebê.)
> Olá, vou beijar seu narizinho! (Beije o nariz do bebê.)

- Repita essas frases mudando as duas últimas, referindo-se a outras partes do corpo do bebê: orelhas, olhos, bochechas, lábios.

O que diz a pesquisa cerebral

Logo depois do parto, a melhor distância para seu bebê enxergar é entre 20 e 30 centímetros de seus olhos.

Onde está?

Do nascimento aos 3 meses

- Segure um cachecol ou lenço bem colorido em frente ao bebê.
- Mova-o lentamente e converse, comentando o quanto o pano é colorido.
- Quando tiver certeza de que o bebê está olhando para o cachecol, mova-o lentamente para o lado.
- Continue movimentando o cachecol para lá e para cá, para fazer com que o bebê o siga com os olhos.

Nota: Em qualquer brincadeira, veja se o seu bebê não está cansado da atividade, com vontade de descansar ou de brincar de outra coisa. Alguns sinais são bocejar, perder o interesse na brincadeira, chorar e inquietação.

O que diz a pesquisa cerebral

Os neurônios da visão começam a se formar durante os primeiros meses de vida. As atividades que estimulam a visão do bebê promovem um bom desenvolvimento visual.

Do nascimento aos 3 meses

Criando movimentos

- Os bebês adoram olhar para o rosto de alguém, principalmente das pessoas que amam.
- Faça diferentes expressões faciais e sons para desenvolver a visão e a audição de seu bebê.
- Aqui estão algumas ideias:
  - Cante uma música e faça movimentos exagerados com a boca.
  - Pisque os olhos.
  - Ponha a língua para fora.
  - Faça contorções com a boca.
  - Faça sons com os lábios.
  - Finja tossir ou bocejar.

O que diz a pesquisa cerebral

Por volta dos dois meses, os bebês conseguem distinguir os traços de um rosto. À medida que o cérebro do bebê floresce, este tipo de brincadeira o ajudará a desenvolver o senso de humor.

125 Brincadeiras para Bebês

A brincadeira dos chapéus

Do nascimento aos 3 meses

- Seu rosto é uma das primeiras coisas que o bebê reconhece.
- Tente fazer a brincadeira dos chapéus com seu bebê. Ele vai reconhecer seu rosto e você estará estimulando a sua visão.
- Escolha chapéus diferentes para colocar na cabeça. Ao pôr cada um deles, diga o seguinte:

    Chapéu, chapéu, chapéu (balance lentamente a cabeça para a frente e para trás)
    Mamãe (papai, nome da pessoa) *tem um chapéu*
    Mamãe (papai etc.) *adora* (nome do bebê)
    Quando usa o seu chapéu!

- Se não tiver muitos chapéus, ponha um cachecol ou laço de fita na cabeça.

O que diz a pesquisa cerebral

Um bebê de um mês de idade enxerga um objeto que esteja a até 1 metro de distância e tem muito interesse no ambiente que o rodeia.

Do nascimento aos 3 meses

Experiências sensoriais

- Expor seu bebê a muitas sensações diferentes aumenta sua consciência de si e do mundo.
- Procure esfregar os braços de seu bebê com texturas diferentes. Cetim, lã e tecidos felpudos são um bom começo.
- Dê a seu bebê a oportunidade de sentir cheiros diferentes. Saia e faça-o cheirar uma flor. Deixe-o sentir o perfume de uma laranja acabada de cortar.
- Fale com seu bebê sobre as coisas, sons, cheiros e texturas à volta dele.

O que diz a pesquisa cerebral

O que o bebê vê e cheira cria conexões cerebrais. Os sentidos externos – visão, audição, olfato e tato – despertam reações emocionais que, por sua vez, acabam tendo um impacto sobre o aprendizado.

Sombras

Do nascimento aos 3 meses

- Os bebês acordam muitas vezes durante a noite.
- As sombras lançadas na parede por um abajur formam sombras interessantes para o seu bebê olhar.
- Se puder pendurar um móbile de modo que ele reflita sombras, você pode ajudar a promover o desenvolvimento visual de seu bebê.
- Quando o bebê estiver um pouco maior, faça desenhos de sombras com as mãos para ele ver.

O que diz a pesquisa cerebral

Os neurônios da visão começam a se formar nos primeiros meses. Estimular a visão ajuda o bebê a fazer conexões visuais no cérebro.

125 Brincadeiras para Bebês

Do nascimento aos 3 meses

Acreditando no sonho

- Às vezes os bebês precisam de um tempinho de manutenção.
- Se o seu bebê está acordado e alerta, às vezes é bom deixá-lo simplesmente "sonhar".
- Dê-lhe oportunidades para ele se aquietar e poder absorver tudo o que está acontecendo à sua volta.
- Períodos de entretenimento e de estímulo dos sentidos do bebê, precisam ser alternados com períodos de quietude.

O que diz a pesquisa cerebral

Embora o cérebro do bebê precise de muito estímulo para aprender e criar caminhos para a memória e conexões, também necessita de períodos de descanso para consolidar estas conexões.

Bicicleta

Do nascimento aos 3 meses

- Ponha seu bebê deitado de costas e movimente suas pernas como se ele estivesse andando de bicicleta.
  Nota: Nunca force as pernas do seu bebê. Se ele resistir, experimente outra coisa.
- Tente compor uma música simples. Aqui está uma ideia que você pode cantar com uma melodia que considerar apropriada:

    *Bicicleta rua acima
    Como é bom se divertir
    Bicicleta rua abaixo
    Vou andando bem feliz.*

- Veja as reações do seu bebê e imite os balbucios, murmúrios e sorrisos dele.

O que diz a pesquisa cerebral

O cérebro de um bebê desenvolve-se com o feedback de seu meio ambiente e fica "conectado", o que vai ajudar a formar um órgão racional e emocional baseado nas primeiras experiências.

Do nascimento aos 3 meses

Flexionar os joelhos

- Coloque seu bebê deitado de costas e puxe delicadamente as perninhas até elas ficarem retas.
- Quando as pernas estiverem retas, dê batidinhas leves nas plantas dos pezinhos.
- Ele vai abaixar os dedos e flexionar os joelhos.
- Ao fazer essa brincadeira, cante uma música com uma letra mais ou menos assim:

Joelhinho vai dobrando
Vai dobrando devagar
Olha só o joelhinho
Que agora vai esticar.

- Termine com um versinho qualquer que o anime e conforte. Seu bebê vai começar a esperar pela brincadeira, o que a torna mais excitante.

O que diz a pesquisa cerebral

O movimento físico estimula o desenvolvimento dos músculos dos ossos e o crescimento e desenvolvimento do cérebro. A pesquisa comprovou que a atividade física induz o cérebro a fazer conexões e criar circuitos entre os neurônios. Os circuitos neurológicos ativos são críticos para o desenvolvimento intelectual e cognitivo.

125 Brincadeiras para Bebês

Ginastiquinha

Do nascimento aos 3 meses

- Fique de frente para o seu bebê, que deve estar deitado de costas; pegue os cantos superiores do lençol e puxe cuidadosamente o bebê na sua direção – depois baixe-o devagar até ele estar com as costinhas bem apoiadas na cama. Tenha cuidado na hora de levantar o lençol – a cabeça e o corpo do bebê têm de estar bem amparados.
- Movimente delicadamente outras partes do corpo do bebê acompanhando o ritmo de uma música que você pôs no aparelho de som, ou que canta para ele.

O que diz a pesquisa cerebral

A atividade e o movimento físico ajudam a estimular o desenvolvimento do cérebro e os neurônios a fazerem conexões destinadas ao aprendizado. O exercício e a participação regulares são da maior importância para o desenvolvimento saudável do cérebro dos bebês.

Do nascimento aos 3 meses

Brincadeiras com a língua

- Pegue seu bebê no colo.
- Olhe-o nos olhos e mostre a língua fazendo barulhos engraçados.
- Recolha a língua.
- Repita com um som diferente.
- Muitos bebês bem novinhos já tentam pôr a língua de fora com esta brincadeira.

O que diz a pesquisa cerebral

Conversar com o bebê ativa os neurônios das orelhas e os conecta com a região auditiva do cérebro. Os bebês também identificam expressões faciais e brincadeiras com a língua. Imitar ou copiar os seus sons e expressões é o estágio inicial da arte da conversação.

125 Brincadeiras para Bebês

Canções para trocar fraldas

Do nascimento aos 3 meses

- Cantar para seu bebê enquanto troca a fralda é uma forma deliciosa de se comunicar com ele e alimentar a ligação entre vocês.
- Sorria enquanto estiver cantando.
- Cante qualquer música que quiser, ou use uma letra mais ou menos assim, com uma melodia apropriada:

> *Trocando a fralda,*
> *Meu bebezinho.*
> *Trocando a fralda,*
> *Bebê limpinho.*

O que diz a pesquisa cerebral

Alguns dos primeiros circuitos que o cérebro constrói são aqueles que governam as emoções. Cuidar do seu bebê com amor e carinho dá ao cérebro dele o tipo certo de estimulação emocional.

Do nascimento aos 3 meses

Nós somos o mundo

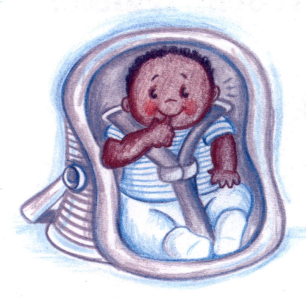

- Fale com o seu bebê sobre todas as coisas. Se você sabe mais de uma língua, fale ambas com o seu bebê.
- Se tem parentes ou conhece alguém que fala outro idioma, peça à pessoa para falar com o seu bebê nessa língua.
- Pode falar com o seu bebê através de canções, rimas, livros, ou simplesmente enquanto se ocupa das atividades de rotina.

O que diz a pesquisa cerebral

Em relação à linguagem, o bebê já nasce "cidadão do mundo" Os recém-nascidos distinguem os sons de uma língua que nunca escutaram antes. No final do 1º ano, o bebê já é um "especialista em línguas" e a capacidade de distinguir os sons de outra língua diminui muito. Ouvir mais de uma língua faz diferença no desenvolvimento de sua fala.

125 Brincadeiras para Bebês

Brincadeiras de trocador

Do nascimento aos 3 meses

- O trocador é sempre um bom lugar para desenvolver faculdades motoras.
- Por que não mostrar coisas interessantes a seu bebê enquanto ele está sendo trocado?
- Experimente pendurar uma bexiga no teto num local próximo o suficiente para você alcançar, mas não o seu bebê.
- Faça a bola mover-se lentamente enquanto troca a fralda.
- Seu bebê vai ficar fascinado por isso e logo vai tentar alcançar e tocar a bola.
- Depois de trocar a fralda, pegue o bebê no colo e deixe-o tocar a bola.
- Você também pode pendurar um móbile com retratos de família.

O que diz a pesquisa cerebral

Essa brincadeira comprova o ponto de vista popular de que o bebê aprende a movimentar o corpo numa sequência que começa na cabeça e desce. Alguns pesquisadores usaram essa sequência como uma janela para observar as primeiras fases do desenvolvimento do cérebro.

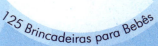

Do nascimento aos 3 meses

Linhas cruzadas

- Ofereça ao seu bebê um chocalho, ou outro objeto para brincar.
  - Observe e encoraje o bebê a alcançá-lo e se estender enquanto tenta pegar e apertar o objeto. Sobretudo encoraje-o a atravessar a linda do meio (qualquer movimento do corpo ou de parte do corpo que atravesse o centro ou a linha do meio do corpo que vai da cabeça ao dedo do pé).

O que diz a pesquisa cerebral

Atravessar a linha do meio do corpo melhora e aperfeiçoa o senso vestibular – compreender onde o corpo está e como ele se move no ambiente.

125 Brincadeiras para Bebês

Rola, bola

Do nascimento aos 3 meses

- Grandes bolas infláveis são maravilhosas para apoiar seu bebê.
- Uma forma de usar esse tipo de bola é colocar seu bebê em cima dela.
- Com a barriguinha apoiada na bola e suas mãos segurando o bebê com firmeza, faça a bola ir lentamente para a frente e para trás.
- Enquanto estiver movimentando a bola, use a melodia de *Rebola bola* e cante assim:

    *Rebola bola
    Rola, rola.
    Para a frente e para trás
    Para a frente e para trás.*

- Esse movimento de embalar é muito relaxante para o bebê.

O que diz a pesquisa cerebral

Atividades simples como embalar um bebê estimulam o desenvolvimento do cérebro.

Do nascimento aos 3 meses

Cheiros calmantes

- Segundo o Dr. Alan Greene, professor de pediatria da Escola de Medicina da Universidade de Standford, os bebês desenvolvem o sentido do cheiro enquanto ainda estão no útero.
  - Você pode usar cheiros para acalmar o seu bebê. Pegue uma camisola ou outra peça do seu guarda-roupa e prenda-a perto do lugar onde ele dorme.
  - O cheiro da "mamã" irá confortá-lo muito.
  - Odores agradáveis como a lavanda podem também ser muito calmantes.

O que diz a pesquisa cerebral

Recém-nascidos se orientam pelo olfato mais do que por qualquer outro sentido.

Para desenvolver o tato

Do nascimento aos 3 meses

- O sentido do tato é importante para o bebê antes mesmo do nascimento. Enquanto está na barriga, o bebê empurra e puxa, toca o próprio rosto e explora o tecido que reveste o útero.
- Pegue o bebê no colo e apoie o corpinho dele no seu. Isso ajuda a regular sua respiração e a temperatura corporal.
- Enquanto o segura apertadinho contra o seu corpo, diga palavras carinhosas e cante músicas que você cantava quando ele ainda estava na sua barriga.

O que diz a pesquisa cerebral

O contato físico e o tato são muito importantes para despertar o sentimento de segurança no bebê. Quando ninguém toca o bebê, o corpo e o cérebro param de se desenvolver de maneira saudável. Acariciá-lo como se ele fosse um gatinho ajuda o bebê prematuro a ganhar peso mais depressa e promove a digestão saudável. O bebê chora menos quando é pego no colo e embalado regularmente. O toque é uma referência em termos de segurança física e emocional.

Do nascimento aos 3 meses

Pra cima, pra baixo

- Sente-se numa cadeira e pegue o bebê no colo.
- Levante e abaixe delicadamente um de seus bracinhos – cinco vezes. Conte em voz alta enquanto levanta e abaixa o bracinho.
- Depois repita com o outro braço.
- Repita com cada uma das pernas.
- Depois de terminar, recite os seguintes versos:

   *Um, dois, três,
   Malhar é legal!
   Um, dois, três,
   Chegamos no final!*

O que diz a pesquisa cerebral

A atividade física promove o funcionamento do cérebro porque injeta mais oxigênio dentro dele.

125 Brincadeiras para Bebês

Qual é o seu nome?

Do nascimento aos 3 meses

- Sente-se numa cadeira e segure o bebê nos seus braços.
- Olhe bem nos seus olhos e diga o seguinte, com voz normal e baixa até chegar ao nome do seu bebê.
- Quando pronunciar o nome do seu bebê, levante um pouco a voz.

   *Ai, que fofura,
   Que é o meu bebê.
   Qual é o seu nome?
   (Diga o nome do bebê
   em voz mais alta.)*

- Continue repetindo a fórmula enquanto o bebê estiver olhando para você.

O que diz a pesquisa cerebral

Quando você levanta a voz, o cérebro do seu bebê recebe impulsos químicos e elétricos.

125 Brincadeiras para Bebês

Do nascimento aos 3 meses

Para conectar neurônios

- Falar diretamente com o seu bebê faz com que muitos de seus neurônios se conectem uns aos outros.
- Pegue seu bebê no colo, mantenha-o bem apertadinho ao seu corpo enquanto diz palavras carinhosas com uma voz suave.
- Seguem alguns exemplos de coisas para você dizer:
  - Você é especial.
  - Adoro você.
  - Você é um bebê maravilhoso.
- Toda vez que disser uma frase carinhosa, aperte um pouquinho mais o corpo do bebê contra o seu.

O que diz a pesquisa cerebral

A repetição de interações positivas ajuda o cérebro a reforçar conexões já existentes e também a fazer outras novas.

125 Brincadeiras para Bebês

Repetição de sons

Do nascimento aos 3 meses

- Você já se perguntou por quê os bebês repetem sons iniciais, seja lá onde for que vivam? Por exemplo: *ma ma* (de onde vem mamãe), *pa pa* (de onde em papai) e *ta ta* (que significa vovô em húngaro).
- Uma pesquisa recente diz que é porque o cérebro do bebê está programado para responder a sons repetitivos.
- Pegue o bebê no colo e, enquanto o balança de um lado para o outro, repita a mesma sílaba muitas e muitas vezes. Por exemplo: *ma ma ma; bo, bo, bo;* e outros sons iniciais.
- Você também pode cantar ou cantarolar os sons repetidos.
- Essa atividade ajuda a desenvolver a fala.

O que diz a pesquisa cerebral

A área temporal e a área frontal esquerda do cérebro do recém-nascido são ativadas sempre que ele ouve um som repetido.

125 Brincadeiras para Bebês

Do nascimento aos 3 meses

De bruços

- Deite o seu bebê de bruços o máximo de vezes que puder durante o dia.
- Deite-se a seu lado e converse com ele olho-no-olho.
- Diga coisas carinhosas, cante ou cantarole músicas.
- Seu bebê precisa ficar de barriga para baixo para desenvolver os músculos abdominais.

O que diz a pesquisa cerebral

A pesquisa diz que é crucial permitir que os músculos abdominais se autoativem. O bebê desenvolve-se fisicamente do pescoço para baixo, o que significa que a parte superior do corpo, os braços e os músculos abdominais se fortalecem antes das pernas.

125 Brincadeiras para Bebês

Dos 3 aos 6 meses

Dos 3 aos 6 meses

Olha o que estou vendo!

- Os bebês adoram olhar para rostos e brinquedos interessantes.
- Pegue vários brinquedos coloridos e, um de cada vez, mova-os lentamente para a frente e para trás diante de seu bebê para estimular sua visão.
- Essa é também a época em que os bebês descobrem as mãos. Olham e olham e finalmente descobrem que podem fazê-las aparecer e desaparecer.
- Pegue as mãos de seu bebê e bata palminhas delicadamente em frente de seu rosto. Ao fazer isso, diga os seguintes versos:

> Bate, palminhas, bate,
> Mãozinhas juntas assim,
> Põe as mãozinhas no rosto da mamãe (ou substitua pelo nome da pessoa que está com o bebê)
> E bate outra vez assim.

O que diz a pesquisa cerebral

Os neurônios da visão começam a se formar entre o segundo e o quarto mês de vida. Atividades que estimulam a visão são importantes nessa fase.

125 Brincadeiras para Bebês

Quem é esse bebê?

Dos 3 aos 6 meses

- Sente-se na frente de um espelho com seu bebê no colo.
- Diga: "Quem é esse bebê?"
- Acene com a mãozinha de seu bebê e diga: "Oi, bebê!"
- Pergunte: "Onde está o pé do bebê?"
- Acene com o pezinho do bebê e diga: "Oi, pé!"
- Continue fazendo perguntas e mexendo em partes diferentes do corpo do bebê.
- Baixe a cabeça dele, faça tchauzinho, batam palmas e mova outras partes do corpo do bebê, dizendo sempre o nome de cada parte enquanto faz o movimento.

O que diz a pesquisa cerebral

Unir estímulos verbais e visuais fortalece as conexões cerebrais.

125 Brincadeiras para Bebês

Dos 3 aos 6 meses

Truque de mágica com meia

- Ponha a mão dentro de uma meia e use-a como se fosse um boneco de fantoche.
- Abra e feche os dedos para fazer a meia "falar".
- Ao conversar usando o seu fantoche, altere a sua voz e toque o corpo do bebê com o "boneco" ao mesmo tempo em que diz o nome dessa parte do corpo. Por exemplo: "Achei um dedinho do pé." Ou "Achei uma orelhinha." "Achei um narizinho."
- Repita enquanto o bebê parecer estar prestando atenção.

O que diz a pesquisa cerebral

Experiências multissensoriais, divertidas e interativas associadas à linguagem geram conexões estáveis com a memória lá no cérebro.

125 Brincadeiras para Bebês

Vamos olhar

Dos 3 aos 6 meses

- Pense em todos os diferentes lugares para os quais é bom olhar.
- Os bebês gostam muito de olhar para coisas em movimento.
- Uma máquina de lavar roupa ou uma secadora com abertura na frente podem ser interessantes para um bebê olhar.
- Janelas próximas a árvores são lugares maravilhosos para se olhar; sentar-se ao ar livre com seu bebê também proporciona uma quantidade incrível de estímulos.
  - Ver pássaros voarem de um lugar para outro.
  - Ver carros andando pela rua.
  - Ver os ramos de uma árvore agitados pelo vento.
- Reserve algum tempo para se sentar com seu bebê e olhar para o mundo junto com ele. Estar bem pertinho de você vai lhe dar o conforto e a segurança que ele precisa para curtir as maravilhas do mundo.

O que diz a pesquisa cerebral

Cuidar da criança com carinho é um estímulo emocional positivo para o cérebro.

125 Brincadeiras para Bebês

Dos 3 aos 6 meses

Caixa de risadas

- Ajude o seu bebê a se sentir especial imitando-o e fazendo mímica dos sons dele.
- Quando ele começar a dar risadas, rie junto.
- Ria muitas vezes, e mostre alegria com todas as coisas que o seu bebê é capaz de fazer.

O que diz a pesquisa cerebral

A comunicação com crianças pequenas, inclusive rir com elas, cria modelos de compreensão cognitiva. Rir, em particular, libera substâncias químicas no cérebro que fazem as pessoas se sentir bem e intensificam os sentimentos de afeto e autoestima.

125 Brincadeiras para Bebês

Dos 3 aos 6 meses

Onde está o meu bebê?

- Essa é uma brincadeira que fortalece as costas e o pescoço.
- Deite-se de costas e ponha o bebê em cima de sua barriga.
- Com as mãos segurando firmemente o peito do bebê, erga-o no ar até a altura de seu rosto.
- Diga o seguinte e realize as ações correspondentes:

   Onde está o meu bebê?
   Está aqui. (Levante-o até a altura de seu rosto.)
   Onde está o meu bebê? (Ponha-o outra vez em cima de sua barriga.)
   Está aqui. (Levante-o de novo até a altura de seu rosto.)
   Onde está o meu bebê? (Ponha-o de novo em cima de sua barriga.)
   Lá em cima, bem em cima. (Levante-o mais alto que o seu rosto.)

O que diz a pesquisa cerebral

Desenvolver a força e o equilíbrio prepara o terreno para a criança engatinhar e ter autoconfiança. Movimentos em várias direções dá ao bebê a experiência que ele precisa para aprender a se equilibrar e obter controle sobre seu corpo.

Dos 3 aos 6 meses

Para o alto-tô!

- Exercitar os braços e pernas de seu filho vai ajudá-lo a desenvolver os músculos e a coordenação motora.
- Esta é uma brincadeira para fazer quando o bebê estiver deitado de costas.
- Levante delicadamente uma perna de cada vez, dizendo:

> Para o alto-tô!
> Um, dois, desceu! (Desça o pezinho dele.)

Nota: Nunca force um movimento. Se o bebê resistir, deixe para experimentar outro dia.
- Repita com o outro pé.
- Repita com cada um dos braços.
- Faça a brincadeira com os dois pés ao mesmo tempo.
- Depois com ambos os braços ao mesmo tempo.

O que diz a pesquisa cerebral

Fazer exercícios ajuda o cérebro a criar os circuitos necessários ao desenvolvimento da capacidade motora. A repetição fortalece essas conexões no cérebro.

125 Brincadeiras para Bebês

Eu posso fazer música

Dos 3 aos 6 meses

- Compre ou faça soquetes ou braceletes de tornozelo que tenham sinos – certifique-se de que os sinos estão seguros e não cairão.
- Assim que o seu bebê começar a mover e chutar os pezinhos ouvirá o som dos sinos, geralmente agradável e estimulante.
- Observe como seu bebê aprende a relação entre chutar os pés e o som dos sinos.
- A ligação do som com a ação encorajará o seu bebê a movimentar e exercitar os pezinhos e as pernas – a combinação dos movimentos, sons e aspectos visuais desta atividade o ajudarão a compreender a relação causa-efeito.

O que diz a pesquisa cerebral

Por volta dos 3 meses de idade, o bebê descobre que alguns de seus atos provocam respostas previsíveis.

Dos 3 aos 6 meses

Subir e descer

- Quando o bebê começa a usar as mãos da mãe/pai para se levantar, em geral ele também começa a soltar o corpo depois.
- Quando seu bebê fizer essa ginastiquinha, encoraje-o.
- As tentativas de se levantar e depois soltar o corpo aumentam o uso dos músculos das pernas e estimulam o seu desenvolvimento.

O que diz a pesquisa cerebral

Um bom desenvolvimento muscular é necessário para criar as conexões cerebrais responsáveis pela coordenação, pela força e pelo controle.

Dos 3 aos 6 meses

Subir a escada

- Segure os dedos do bebê e erga delicadamente seus bracinhos enquanto diz as seguintes palavras:

    *Subir a escada,
    É para cima.
    Descer a escada,
    É para baixo.*

- Erga as pernas do bebê e repita as mesmas palavras.
- Continue levantando diferentes partes do corpo do bebê e repetindo as palavras.
- Experimente terminar levantando-o no ar e descendo-o.
- Sempre dê um beijo na parte que desceu.

O que diz a pesquisa cerebral

A criança que é tocada com amor, pega no colo e com quem as pessoas brincam regularmente desenvolve um cérebro maior e conexões mais estáveis entre as células cerebrais do que a criança que não tem essas experiências.

Dos 3 aos 6 meses

Bate-papo

- Nessa idade, em geral, os bebês fazem muitos ruídos e sons. Imite os sons que ele faz. Mais tarde, esses sons simples vão se transformar em palavras.
- Pegue as palavras que seu bebê pronuncia, como "mama" ou "papa", e inclua-as em frases como "Mamãe ama você" ou "Papai vê o carneiro".
- Penelope Leach, especialista em desenvolvimento infantil, diz: "Seu filho pode fazer centenas de sons diferentes ao longo de um dia, mas se você bate palmas, aplaudindo quando ele diz 'mama' ou 'dada', ele vai continuar repetindo esses sons, porque isso deixa você feliz".
- Quanto mais você repete os sons de seu filho, tanto mais ele será incentivado a fazer mais sons.
- Esse é o verdadeiro início de uma conversa.

O que diz a pesquisa cerebral

Um bebê cujos balbucios são recebidos com sorrisos vai se tornar emocionalmente receptivo. Quanto mais gentil for o estímulo que você dá à criança, maiores são os progressos no desenvolvimento do seu cérebro.

Converse com seu bebê

Dos 3 aos 6 meses

- Inicie uma conversa com seu bebê. Diga uma frase curta, como: "O dia está lindo hoje".
- Quando seu bebê responder com um balbucio, pare de falar e olhe-o nos olhos.
- Quando ele falar, responda-lhe com um aceno de cabeça ou um sorriso.
- Isso mostra a seu bebê que você o está ouvindo e gostando dos sons que ele faz.
- Continue com outra frase. Sempre pare e ouça a resposta de seu bebê.
- Esta brincadeira também ensina o seu bebê a trocar de vez.

O que diz a pesquisa cerebral

A linguagem é fundamental para o desenvolvimento do cérebro. Conversar com seu bebê é uma forma de estimular intensamente o cérebro. Qualquer hora do dia é uma boa oportunidade para conversar e desenvolver a sua capacidade de fala.

Dos 3 aos 6 meses

Bá, bá, bebê, ó

- Cante qualquer música usando um som no lugar das palavras.
- Escolha um som que seu bebê esteja fazendo: provavelmente "ma" ou "ba".
- Cante músicas usando apenas esses sons em poucas palavras.
- Um exemplo:

    Ba, ba, ba, ba, ba, ba, bebê
    Ba, ba, ba, ba, ó
    Ba, ba, ba, ba, ba, ba, bebê
    Ba, ba, ba, ba, ó!

- Você pode cantar qualquer daquelas antigas canções de ninar ou de roda.
- Quanto mais repetir os sons que seu bebê está fazendo, mais sons ele fará.

O que diz a pesquisa cerebral

A chave do desenvolvimento da linguagem é ouvir gente falando. A criança precisa ouvir conversar muito antes de aprender a falar. Crianças pequenas com quem as mães conversavam quando eram bebês têm um vocabulário maior e uma base sólida para desenvolver uma boa comunicação verbal.

Cambalhota do ursinho

Dos 3 aos 6 meses

- Ajudar seu bebê a se virar quando estiver deitado de bruços para ficar deitado de costas desenvolve os músculos do peito e dos braços. Essa é uma brincadeira divertida de fazer e o irá estimular a se virar futuramente.
- Ponha o bebê de bruços numa superfície macia e plana. Chão acarpetado e o meio da cama são bons para essa brincadeira.
- Segure um ursinho de pelúcia em frente de seu rosto e faça o bichinho dar cambalhotas.
- Enquanto movimenta o ursinho, diga o seguinte:

    Ursinho, ursinho, virou. (Vire o ursinho.)
    Ursinho, ursinho, vai pro chão. (Deixe o ursinho cair.)

- Quando perceber que seu filho está olhando para o ursinho, mova o brinquedo para o lado de modo que os olhos do bebê e possivelmente seu corpo imitem o movimento.
- Repita as palavras acima, movimentando o ursinho todas as vezes.

O que diz a pesquisa cerebral

Usar os músculos repetidamente dá força e flexibilidade ao bebê para ele poder virar o próprio corpo. As tentativas de virar e tentar pegar objetos envolvem movimentos transversais que ajudam a desenvolver o senso vestibular (consciência de posição e movimento).

125 Brincadeiras para Bebês

Dos 3 aos 6 meses

O sapo não lava o pé

- Os bebês gostam de música e ritmo. Quando ainda estão na barriga da mãe, sentem o ritmo do coração, da digestão, da respiração e ouvem os sons do sangue movendo-se pelo corpo.
- Pegue duas baquetas (ou duas colheres de pau) e bata uma na outra ao cantar "O sapo não lava o pé".
- Use as baquetas delicadamente e aumente o tom da voz e das batidas ao chegar à palavra final de cada verso. Logo seu bebê vai começar a esperar pelo som mais alto.
- Ajude seu bebê a segurar as baquetas. Cante a música enquanto ele está com as baquetas na mão:

O sapo não lava o PÉ
Não lava porque não QUER
Ele mora lá na LAGOA
Não lava o pé porque não QUER
Mas que CHULÉ!

O que diz a pesquisa cerebral

Expor um bebê à música – ouvindo-a, brincando com ela ou cantando-a – e ao ritmo, "ativa" singularmente circuitos nervosos do cérebro.

125 Brincadeiras para Bebês

Mais ginastiquinha

Dos 3 aos 6 meses

- Os bebês gostam muito de brincar de levantar e soltar o corpo, e essas brincadeiras são importantes para eles aprenderem a se equilibrar, um pré-requisito para andar.
- Você pode ajudar o seu bebê a fazer ginastiquinha de muitas formas: quando ele estiver no seu colo, deitado de bruços ou de costas nas suas pernas, você pode ajudá-lo a levantar o corpinho e depois soltá-lo.
- Também pode balançá-lo de um lado para o outro. **Nota:** sempre segure bem o seu bebê quando o balançar, tanto para cima e para baixo quanto para os lados.
- Você também pode fazer esses movimentos ao som de uma música tradicional, como:

*Pirulito que bate, bate,
Pirulito que já bateu,
Quem gosta de mim é ela,
Quem gosta dela sou eu!*

*Não me digas que não, que não,
Ainda hás de vir a querer,
Tanto bate água na pedra,
Que a faz amolecer!*

O que diz a pesquisa cerebral

Levantar e soltar o corpo do bebê, balançá-lo para os lados ou embalá-lo desenvolvem as conexões cerebrais necessárias para ele engatinhar e andar.

125 Brincadeiras para Bebês

57

Dos 3 aos 6 meses

Adoro música

- Os bebês respondem alegremente a estímulos visuais e aos sons.
- Se o seu bebê balança o corpinho ao ritmo de uma música ou canção, ajude-o ou dê-lhe o apoio necessário, incentivando o movimento.
- Quando seu bebê usar as pernas, os braços e a cabeça para responder aos estímulos, amplie os movimentos ajudando-o delicadamente a movimentar os braços e as pernas em movimentos mais amplos ainda – o que pode incluir cruzar os membros na frente do corpo.

O que diz a pesquisa cerebral

Exercícios físicos feitos num clima alegre e carinhoso liberam neurotransmissores no cérebro que ativam a memória.

O trenzinho

Dos 3 aos 6 meses

- Enquanto recita as frases abaixo, mova os dedos para cima e para baixo ao longo do braço do bebê, de acordo com o significado:

    Tchu, tchu, trem, tchu, tchu,
    Vai subindo a linha.
    Tchu, tchu, tchu, tchu, tchu,
    Ele agora vem pra trás.

- Repita para o outro braço.
- Se você enfatizar o "tchu, tchu", logo o bebê vai tentar imitar o som.

O que diz a pesquisa cerebral

Falar com diferentes entonações e "interpretar" incentivam a expressão emocional dos bebês, a qual, por outro lado, ativa o cérebro para que este libere substâncias químicas que promovem o desenvolvimento da memória.

Dos 3 aos 6 meses

Balançar

- A ação de balançar é muito agradável para o bebê.
- Se você recitar poemas ou cantar músicas enquanto balança o seu bebê, ele vai desenvolver o senso de ritmo e fazer algumas conexões cerebrais da maior importância.
- Pegue seu bebê no colo e balance-o para cá e para lá.
- Diga as seguintes palavras ao balançá-lo:

    Pra lá e pra cá, pra lá e pra cá,
    Balança aqui, balança lá,
    Pra lá e prá cá, pra lá e pra cá.

O que diz a pesquisa cerebral

Os bebês têm uma grande quantidade de genes e sinapses cerebrais que desde cedo os preparam para aprender música e poesia.

Primeiros movimentos

Dos 3 aos 6 meses

- Os bebês arrastam-se pelo ambiente, fazendo movimentos sinuosos. Isso prepara a criança para engatinhar.
- Coloque seu bebê de bruços e deite-se no chão de frente para ele.
- Ponha um brinquedo interessante na frente dele e fora de seu alcance, mas próximo.
- Movimente o brinquedo (uma bola com guizos vai bem) para a frente e para trás.
- Quando ele tentar pegar a bola, provavelmente vai se arrastar um pouquinho.
- Dê-lhe a chance de pegá-la e elogie-o calorosamente.
- Esse tipo de sucesso desenvolve muito a autoconfiança.

O que diz a pesquisa cerebral

Movimentos sinuosos mais ou menos rápidos ajudam na formação das sinapses cerebrais que participam da coordenação motora mais complexa no futuro.

Dos 3 aos 6 meses

Empurrar o bebê

- Ponha seu bebê de bruços numa superfície lisa.
- Fique atrás dele e ponha as mãos na planta dos pezinhos.
- Quando ele sentir suas mãos, vai tentar ir para a frente empurrando os pezinhos contra suas mãos.
- Este é um exercício de preparação para engatinhar.
- Às vezes, ele vai precisar de um empurrãozinho seu.
- Ao empurrar delicadamente os pezinhos do bebê, diga o seguinte:

> Com os pezinhos, empurra, empurra
> (Empurre delicadamente.)
> Com os pezinhos, empurra, empurra,
> (Empurre delicadamente.)
> Com os pezinhos, empurra, empurra
> (Empurre delicadamente.)
> Empurra, empurra, o dia inteiro!

O que diz a pesquisa cerebral

O bebê adquire capacidade motora básica graças à maturação do cérebro e ao fortalecimento dos músculos. Esses marcos do desenvolvimento motor parecem conectados ao cérebro e se desenvolvem toda vez que o bebê exerce essa capacidade.

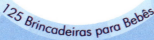

Alvo móvel

Dos 3 aos 6 meses

- Com seu bebê deitado de costas, mostre-lhe uma bola ou um brinquedo macio.
- Aproxime a bola dos pés do bebê.
- Quando o bebê perceber a bola ou o brinquedo, vai tentar chutá-lo.
- Incentive seu bebê e converse com ele sobre o que ele está tentando fazer; diga o nome do objeto.
- Diga também, "É bom chutar a bola" ou "Você consegue chutar a bola?"
- Deixe o bebê chutar a bola. Essa atividade é particularmente eficaz quando o objeto também faz um barulhinho.

O que diz a pesquisa cerebral

Trabalhar os músculos da perna ao mesmo tempo em que se observa um objeto desenvolve a coordenação olho-pé, uma capacidade necessária para executar certos movimentos e para ter consciência espacial.

Dos 3 aos 6 meses

Mudar de mão

- Entre 3 e 6 meses, seu bebê pode começar a passar um objeto de uma das mãos para a outra.
- Você pode ajudar a fortalecer os circuitos nervosos no cérebro praticando com o bebê esta brincadeira:
- Ponha um chocalhinho numa de suas mãos.
- Sacuda a mãozinha que segura o chocalho.
- Mostre-lhe como transferir o chocalho para a outra mão. Os passos são os seguintes:
  - Ponha a mãozinha vazia em cima do chocalho. O bebê vai segurá-lo automaticamente.
  - Solte os dedos da primeira mão e beije-os.

O que diz a pesquisa cerebral

Aprender a transferir objetos de uma mão para a outra exige atenção consciente. Embora os movimentos das mãos sejam influenciados pelo tato e pela visão, eles têm de ser aprendidos e, por isso, têm uma relação íntima com o desenvolvimento cognitivo.

125 Brincadeiras para Bebês

Dos 3 aos 6 meses

Onde está o brinquedo?

- Segure diante do bebê um brinquedo de que ele goste especialmente, depois ponha-o num lugar onde ele não veja.
- Incentive-o a procurar o brinquedo. Faça perguntas como: "Está no céu?", e olhe para cima.
- Depois pergunte: "Está no chão?", e olhe para o chão.
- Pergunte: "Está em minhas mãos?" "Sim, está aqui".
- À medida que o bebê se desenvolve, vai começar a procurar o brinquedo quando você o tira do seu campo de visão.
- Ele começará a prestar mais atenção e seguirá seus movimentos quando você tirar o brinquedo de sua vista..

O que diz a pesquisa cerebral

As experiências dos primeiros meses de um bebê têm um impacto permanente na arquitetura do cérebro e em sua capacidade futura.

125 Brincadeiras para Bebês

Dos 3 aos 6 meses

Despertar a curiosidade

- Os bebês já nascem curiosos. Nascem com um impulso inato de tentar compreender o mundo à sua volta.
- Quando seu bebê acompanha um som virando a cabeça, ele faz isso por ser curioso.
- Quando o bebê olha longa e atentamente para um objeto em particular, é por ser curioso.
- Faça o possível para ter imagens coloridas nas paredes, brinquedos que sejam seguros para o seu bebê explorar e um ambiente interessante, tanto dentro de casa quanto lá fora.

O que diz a pesquisa cerebral

Despertar a curiosidade de seu filho é uma das formas mais importantes de ajudá-lo a ser alguém que vai aprender a vida inteira. Segundo os neurocientistas, a compreensão desencadeia uma resposta prazerosa no cérebro.

Dos 3 aos 6 meses

A brincadeira da echarpe

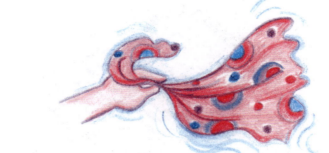

- Pegue uma echarpe colorida e faça movimentos ondulatórios com ela na frente do bebê.
- Jogue a echarpe para o alto e observe enquanto ela flutua no ar até cair no chão.
- Jogue-a de novo para cima e deixe que ela pouse na sua mão.
- Jogue-a mais uma vez para cima e deixe-a pousar em cima de um bicho de feltro ou pano.

O que diz a pesquisa cerebral

O cérebro tem mais chances de ter um desenvolvimento saudável se o bebê estiver num ambiente carinhoso, sem estresse.

Dos 3 aos 6 meses

Comunicação com o seu bebê

- Como os bebês se comunicam? Por meio do choro, do seu balbucio (gugu-dada), de sorrisos e das formas de movimentar o corpo.
- Ao reagir às expressões do seu bebê, você está lhe dizendo que está prestando atenção ao que ele está tentando lhe comunicar.
- Quando reagir às formas de expressão do seu bebê, inclua palavras positivas. Mesmo que ele não compreenda as palavras, compreende o tom da sua voz.
- Quando o seu bebê estiver balbuciando, balbucie também e diga, "Adoro escutar a sua voz."
- Quando o seu bebê chorar, pegue-o no colo e diga: "Vamos ver se conseguimos descobrir qual é o problema."

O que diz a pesquisa cerebral

O cérebro humano é programado para aprender uma língua e nos comunicarmos uns com os outros. Os bebês começam a refinar sua capacidade de ouvir antes mesmo de nascer. Depois do parto, começam a fazer sons que um dia vão se transformar em palavras e frases.

125 Brincadeiras para Bebês

Dos 3 aos 6 meses

Uma coisa de cada vez

- Maria Montessori acreditava que as crianças pequenas não conseguiam se concentrar em mais de uma coisa de cada vez. Se você visitar uma autêntica sala de aula Montessori, vai ver a professora demonstrar um projeto sem falar nada. Ela só usa palavras depois de terminar a demonstração.
- É fácil superestimular um bebê – mas ele vai lhe dar sinais de que está superestimulado.
- Alguns sinais de superestimulação: bocejar, fechar os olhos, chorar e bater palmas.
- Se você achar que seu bebê está superestimulado, pegue-o no colo, converse com ele numa voz suave e aperte-o delicadamente contra o seu corpo. Isso reduz o estresse que ele está sentindo.

O que diz a pesquisa cerebral

O cérebro em desenvolvimento só consegue prestar atenção a uma coisa de cada vez.

Dos 3 aos 6 meses

Aprender palavras

- Sente-se na frente de uma mesa com o seu bebê no colo.
- Ponha dois objetos em cima da mesa. Um pode ser uma boneca e o outro, um bloco de madeira.
- Ao dizer as palavras use um tom de voz bem alto.
- Toque na boneca e diga: "Boneca".
- Pegue a mão do bebê, toque a boneca com ela e diga: "Boneca".
- Beije a mão do bebê e diga-lhe algo carinhoso.
- Faça a mesma coisa com o bloco.
- Repita o procedimento várias vezes.
- Afaste bem os dois objetos em cima da mesa.
- Pergunte ao seu bebê: "Onde está o bloco?" Se ele não estender a mão na direção do bloco, nem virar a cabeça na sua direção, pegue o bloco ou vire delicadamente a sua cabecinha na direção do bloco e diga: "O bloco está aqui!" (Se você estiver segurando o bloco) ou "O bloco está ali!" (Se você estiver virando a cabecinha dele.)

O que diz a pesquisa cerebral

A forma de conversar com um bebê é especial. Entre as características dessa "linguagem infantil" temos o tom de voz mais alto, uma duração maior e mudanças mais exageradas da altura da voz.

70

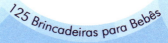

Estender a mão para pegar um objeto

Dos 3 aos 6 meses

- Sente-se no chão com o seu bebê perto de você ou no seu colo.
- Segure um brinquedo interessante na frente dele. Mantenha o brinquedo a uma distância tal que ele tenha de esticar o bracinho para tentar pegar o objeto.
- Enquanto ele estiver tentando pegar o brinquedo, incentive-o com uma voz doce e carinhosa. Quando ele pegar o brinquedo, elogie-o com palavras e um sorriso.
- O tom de voz, as palavras e o seu sorriso vão incentivá-lo a estender o braço outra vez para tentar pegar outras coisas.
- Faça essa brincadeira muitas vezes. Mude o brinquedo de vez em quando para tornar a atividade mais interessante para o seu bebê.

O que diz a pesquisa cerebral

A atividade cerebral cria conexões elétricas diminutas chamadas sinapses. Repetir as ações que estimulam o cérebro a fazer essas conexões fortalece as mesmas e faz com que se tornem permanentes.

125 Brincadeiras para Bebês

Dos 3 aos 6 meses

Os encantos da música

- Toque músicas para seu bebê que incluam vozes de soprano.
- Pegue seu bebê no colo e dance com ele pela sala e pelo quarto.
- Girem, balancem e curtam a música juntos.

O que diz a pesquisa cerebral

O útero foi a primeira sala de concertos do seu bebê, onde seus ouvidos se formaram durante as dez primeiras semanas de gestação. Os tons de voz e as palavras que você usa ajudam o bebê a sentir segurança. Converse com seu bebê com "linguagem infantil". A pesquisa revela que essa linguagem ajuda os bebês a se concentrarem.

125 Brincadeiras para Bebês

Dos 6 aos 9 meses

Dos 6 aos 9 meses

Brincadeiras com o espelho

- Parece que quanto mais o bebê vê, mais quer ver.
- Olhar um espelho é muito divertido e dá a seu bebê uma outra perspectiva sobre quem ele é.
- Aqui estão algumas coisas que você pode fazer com seu bebê enquanto ele está olhando para um espelho de corpo inteiro:
  - Sorrir.
  - Sacudir diferentes partes do corpo.
  - Fazer caretas acompanhadas de ruídos engraçados.
  - Fazer sons com os lábios.
  - Imitar as vozes dos animais.
  - Balançar para lá e para cá.

O que diz a pesquisa cerebral

Como os neurônios responsáveis pela visão começam a se formar muito cedo, os bebês precisam de experiências visuais estimulantes.

Sons por toda parte

Dos 6 aos 9 meses

- Exponha seu bebê a uma grande variedade de sons.
- Faça ruídos com a boca e ponha os dedinhos dele sobre ela ao fazê-los. Experimente:
  - Zumbir como uma abelha.
  - Sibilar como uma serpente.
  - Enfiar o dedo na boca, encher as bochechas de ar e puxar rapidamente para fazer um barulho de estampido.
  - Imitar o som da sirene de polícia.
  - Tossir.
  - Fingir espirrar.
- Amassar tipos diferentes de papel. O celofane e o papel de seda fazem ruídos interessantes.

O que diz a pesquisa cerebral

A audição dos bebês talvez seja o desenvolvimento sensorial mais importante do seu primeiro ano de vida. Por meio da audição, as crianças têm contato com a língua e com a música, o que estimula seu desenvolvimento intelectual e emocional.

125 Brincadeiras para Bebês

Dos 6 aos 9 meses

Música ao vivo

- Os bebês gostam de sons e música.
- Mostre a seu bebê um grande número de instrumentos musicais — um violão, sinos, um triângulo, um tambor, um piano e assim por diante.
- Incentive seu bebê a tocar os instrumentos.
- Se o seu bebê for capaz e mostrar interesse, deixe-o tocar os instrumentos para produzir sons; você também pode tocar os instrumentos para ele.

O que diz a pesquisa cerebral

O cérebro gosta de novidades. Ao explorar coisas novas e interessantes, o cérebro tenta associar a nova experiência a um modelo já existente, ou cria um novo modelo para entender a experiência.

125 Brincadeiras para Bebês

Dos 6 aos 9 meses

O que foi que você disse?

- Cante ou recite versos para o seu bebê numa língua diferente da sua.
- Se você não conhecer nenhuma música ou poema de outra língua, procure um parente ou amigo que conheça e que esteja disposto a lhe ensinar ou a vir passar algum tempo cantando para seu bebê e conversando com ele.

O que diz a pesquisa cerebral

Ouvir a melodia e os sons de outras línguas ajuda o cérebro a se desenvolver.

Dos 6 aos 9 meses

Rá-tim-bum

- Os bebês adoram batucar com objetos que seguram nas mãos, o que é excelente para a coordenação motora, além de ser muito divertido.
- Sente-se no chão com o seu bebê.
- Dê-lhe uma colher de pau.
- Ele não vai precisar de nenhum incentivo para bater a colher no chão.
- Cante suas músicas prediletas enquanto vocês dois batem colheres de pau no chão.
- Tente bater acompanhando os seguintes versinhos:

   *Bate no tambor,
   Bate no tambor,
   Bate, bate, meu amor!*

O que diz a pesquisa cerebral

O cérebro refina os circuitos necessários para o bebê estender o braço e pegar um objeto. Essa é uma atividade que ajuda o cérebro a desenvolver a coordenação olho--mão e os músculos a aprender modelos de ações. A capacidade motora básica começa a se desenvolver logo depois do nascimento. A capacidade motora fina começa quando o bebê já tem 6 meses de idade.

Chocalhos

Dos 6 aos 9 meses

- Ponha alguns botões dentro de uma latinha. Cubra cuidadosamente a boca da latinha com fita crepe, por exemplo, para o seu bebê não conseguir abri-la.
- Sacuda a latinha e ouça o barulho. Observe os olhos do seu bebê brilharem de excitação.
- Dê o chocalho a seu bebê e deixe que o sacuda enquanto você canta suas músicas prediletas.
- Tente cantar "O sapo não lava o pé", sacudindo o chocalho e imitando os sons que os sapos fazem lá na lagoa. Não é engraçado?
- Você também pode transformar uma garrafa de plástico transparente em chocalho. Seu bebê vai gostar de ver as pedrinhas ou botões se mexerem enquanto brinca com o chocalho.

O que diz a pesquisa cerebral

Eric Jensen, autor do livro Music with the Brain in Mind, diz que os bebês possuem um grande número de genes e sinapses que os habilita prontamente a apreciar e aprender música.

Dos 6 aos 9 meses

Acarajé, mão no pé

- Sente o bebê no chão.
- Recite versos enquanto segura a mão de seu bebê e o leva a tocar diferentes partes de seu corpo.
- Aqui estão algumas ideias:

> Acarajé, mão no pé.
> Vai, apareça, mão na cabeça.
> Olha a touca, mão na boca.
> Olha o gelo, mão no cabelo.

- Toda vez que se referir a uma parte do corpo, ponha a mão da criança nessa parte. Ao dizer, "Acarajé, mão no pé," ponha a mãozinha dele no seu pé.
- Inverta a brincadeira e toque seu bebê ao dizer as rimas.

O que diz a pesquisa cerebral

Os bebês precisam de experiências táteis para o cérebro se desenvolver, e também para desenvolver a conexão entre o cérebro e o resto do corpo. Essas experiências são tão vitais quanto os nutrientes e as vitaminas.

125 Brincadeiras para Bebês

Mindinho, seu vizinho

Dos 6 aos 9 meses

- Recite os versinhos ao tocar os dedos do bebê um por um:

    *Mindinho,
    Seu vizinho,
    Pai de todos,
    Fura-bolo,
    Mata-piolho.*

- No verso final, acene com a mãozinha do bebê.
- Seu bebê vai responder a seu toque e à sua voz.

O que diz a pesquisa cerebral

As oportunidades de desenvolvimento da linguagem por meio de experiências com música e brincadeiras com os dedos são vitais para o bom desenvolvimento do cérebro.

Dos 6 aos 9 meses

Poderosinho

- Os bebês adoram experiências interativas.
- Seu bebê vai acabar começando uma brincadeira de jogar alguma coisa no chão e tentar pegá-la de volta.
- Quando seu bebê jogar um objeto no chão, pegue-o e devolva-o a ele.
- Logo o seu bebê vai descobrir que, se ele jogar alguma coisa no chão, alguém vai pegar o objeto.

O que diz a pesquisa cerebral

Jogar coisas no chão quando o bebê está sentado no seu cadeirão incentiva o desenvolvimento da capacidade de pegar e soltar objetos. Adote essa brincadeira! Ela também ajuda a desenvolver a percepção de profundidade e distância associadas aos sons.

Dos 6 aos 9 meses

De ponta a ponta

- Seu bebê vai gostar de brincar com várias bolas ao mesmo tempo.
- Arranje várias bolinhas que despertem o interesse do seu bebê.
- Coloque na frente dele um tubo que permita que as bolas passem facilmente por ele. Veja a surpresa e a expectativa de seu bebê quando ele perceber a bola saindo do outro lado do tubo.
- Descreva a atividade e a reação de seu bebê quando as bolas "desaparecem" e depois "reaparecem".

O que diz a pesquisa cerebral

Brincar e realizar interações lúdicas são atividades cruciais para o desenvolvimento do cérebro. Acrescentar um elemento de surpresa e desafio intensifica a experiência de aprender.

Dos 6 aos 9 meses

Esconde-esconde com boneco

- As crianças adoram brincar com bonecos. (Podem ser também fantoches.)
- Pegue um boneco, mostre-o ao bebê e depois esconda-o atrás de suas costas.
- Depois mostre-o de novo e diga: "Achou...!" (Nome da criança.)
- Esconda-o de novo atrás das costas.
- Continue fazendo isso até seu bebê começar a antecipar o aparecimento do boneco num certo lugar.
- Depois tire o boneco de um lugar diferente – detrás da cabeça, detrás da cabeça do bebê. Sempre coloque-o em frente ao rosto da criança (mas não perto demais) ao dizer: "Achou!".
- Dê o boneco ao bebê e veja se ele imita você.

O que diz a pesquisa cerebral

Com as brincadeiras de esconde-esconde, milhares de conexões são estabelecidas ou fortalecidas entre as células do cérebro, fazendo com que se desenvolva um pouco mais a rede complexa que vai se manter basicamente a mesma para o resto da vida da criança.

125 Brincadeiras para Bebês

Dos 6 aos 9 meses

Eu sei que você está por aí

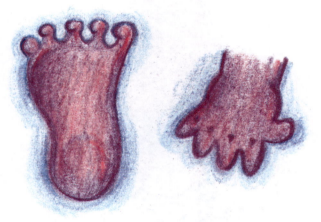

- Faça uma brincadeira de surpresa e expectativa quando vestir o seu bebê.
- Ao colocar a camisetinha, faça uma pergunta do tipo "Onde está o meu bebê?" quando a cabecinha dele estiver coberta.
- Responda bem depressa algo do tipo, "Aqui!" assim que você enxergar o rosto do bebê.
- Modifique as perguntas para incluir partes do corpo como os pés, os artelhos, as pernas, os dedos, os braços e assim por diante.
- Sempre pareça surpresa e alegre ao dar a resposta.

O que diz a pesquisa cerebral

Interações carinhosas com as pessoas e exploração dos objetos são tão necessárias quanto a comida para o desenvolvimento do cérebro de uma criança.

Dos 6 aos 9 meses

Ahh-Boom

- Sente o bebê no seu colo de frente para você.
- Baixe a sua cabeça e dê cabeçadinhas suaves na fronte do seu bebê enquanto diz gentilmente "Ahh-boom!" a cada vez.
- Em algum momento, o seu bebê se antecipará na brincadeira, inclinando-se antes que as frontes se encontrem.
- Outra maneira de fazer esta brincadeira é esticar a palavra *ahhh* e só dizer a palavra *boom* quando as frontes se encontrarem. Os bebês amam esta brincadeira.

O que diz a pesquisa cerebral

A qualidade das relações de um bebê com os seus pais tem um impacto direto no desenvolvimento físico do cérebro. Todas as crianças merecem um impulso cerebral nos seus primeiros anos de vida.

125 Brincadeiras para Bebês

Dos 6 aos 9 meses

Surpresa!

- Seu bebê gosta de brincar e de experiências diferentes.
- Pegue um objeto como um brinquedo que faz sons ou qualquer objeto inflável e que mude de forma.
- Aperte o brinquedo para ele fazer sons, encha os brinquedos infláveis ou chame a atenção para as mudanças de forma dos outros.
- Veja a surpresa e a excitação que o objeto provoca no seu bebê.
- Use palavras, sons, exclamações ou outros meios para aumentar a dramaticidade do momento.

O que diz a pesquisa cerebral

Experiências positivas multiplicam as conexões cerebrais. Os genes oferecem os "tijolos"; o meio ambiente constrói o cérebro por meio de trilhões de conexões de células, resultantes de experimentar o mundo através do movimento e dos sentidos da visão, audição, olfato e tato.

Dos 6 aos 9 meses

Mais brincadeiras de esconde-esconde

- Há muitas brincadeiras de esconde-esconde, e os bebês adoram todas elas.
- A favorita é você cobrir o rosto com as mãos e depois tirá-las.
- Esse tipo de brincadeira de esconder mostra a seu bebê que, mesmo não podendo ver o seu rosto, você continua ali.
- Esta brincadeira é muito importante para "conectar" o cérebro. Seu bebê vai se desenvolver intelectualmente com ela.
- Outras variações de esconde-esconde:
- Ponha as mãos sobre os olhos do bebê e depois tire-as.
- Segure uma fralda entre você e seu bebê. Espie pelo lado e pela parte de cima da fralda.
- Ponha a fralda em cima da cabeça e depois tire-a.

O que diz a pesquisa cerebral

Embora "Pirulito que bate, bate" e "Esconde-esconde" pareçam brincadeiras inocentes, elas transmitem séries complexas de regras sobre dar e tomar, e também sobre expectativas. Um cérebro em desenvolvimento adapta-se a tudo o que acontece repetidamente no ambiente.

125 Brincadeiras para Bebês

Dos 6 aos 9 meses

Esconde-esconde com música

- Cante os versos abaixo com a melodia de "Os dedinhos":

    *Meu bebê, meu bebê,
    Onde está?
    Aqui está!
    Ele acordou, ele acordou,
    Dim, dim, dom...
    Dim, dim, dom...*

- Use essa música como acompanhamento de brincadeiras de esconde-esconde.
- Cubra os seus olhos com as mãos do bebê enquanto está cantando "Onde está?".
- Ao cantar "Aqui está!", tire as mãozinhas dele e erga-as delicadamente.
- Ao cantar "Dim, dim, dom", levante e abaixe as mãozinhas do bebê, como se ele estivesse tocando um sino.

O que diz a pesquisa cerebral

A brincadeira de esconde-esconde cria novas conexões cerebrais e fortalece aquelas que já existem.

Dos 6 aos 9 meses

Coisas para apertar

- Brinquedos de apertar são muito divertidos. Os de borracha são os mais fáceis de agarrar.
- Seu bebê desenvolve a coordenação motora de músculos pequenos ao apertar coisas.
- Se ele estiver tendo dificuldade, ponha suas mãos sobre as dele e aperte o brinquedo. Depois que ele sentir como se faz, vai conseguir fazer sozinho.
- Aqui estão algumas rimas divertidas para dizer enquanto aperta o brinquedo:

*Aperta, aperta, aperta
Eu também quero apertar
Vamos dar a meia-volta
E voltar a apertar.*

O que diz a pesquisa cerebral

Exercitar músculos pequenos tem um efeito positivo sobre as áreas motoras do cérebro e prepara o corpo para aprendizagem futura.

125 Brincadeiras para Bebês

Dos 6 aos 9 meses

Sentir texturas

- Junte tiras de materiais variados – lã, algodão, veludo, cetim ou qualquer outro tecido que você tiver.
- Sente-se no chão com seu bebê e mostre um dos pedaços de tecido de cada vez, perto o bastante para ele poder alcançar. Quando o agarrar, elogie-o.
- Depois que o bebê tocar o pedaço de tecido, diga o seu nome e coloque-o em sua mão. Descreva a sensação provocada pelo material. "Isso é veludo e é macio."
- Ele não vai entender todas as suas palavras, mas vai associar o som de sua voz com a textura do material.

O que diz a pesquisa cerebral

As brincadeiras que incentivam o seu bebê a estender a mão para pegar um objeto desenvolvem a coordenação olho-mão, que influencia as conexões cerebrais.

125 Brincadeiras para Bebês

Dos 6 aos 9 meses

Música e dança

- Juntos, o movimento e a música estimulam ambos os lados do cérebro.
- Pegue o seu bebê no colo e cante para ele ao mesmo tempo que se move pela sala. Escolha a música de sua preferência. Mas pode ser "Se esta rua fosse minha".
- Quando chegar à última palavra da música, levante o bebê bem alto e depois abaixe-o para lhe dar um beijo, cantando:

> Se esta rua, se esta rua fosse minha,
> Eu mandava, eu mandava ladrilhar,
> Com pedrinhas, com pedrinhas de brilhante,
> Para o meu, para o meu amor passar.

O que diz a pesquisa cerebral

Estudos feitos em várias culturas mostraram que os bebês que recebem quantidades generosas de toques carinhosos ao longo de todo o dia se desenvolvem melhor que os outros em termos intelectuais, emocionais, sociais e físicos.

125 Brincadeiras para Bebês

Dos 6 aos 9 meses

Cantar e recitar

- Música e ritmo têm um efeito poderoso no desenvolvimento cerebral.
- Pense em algumas de suas músicas favoritas e cante-as para o seu bebê.
- Quaisquer que sejam as músicas que você canta, seu bebê vai gostar de ouvir as palavras. Não tem importância se ele ainda não entende o seu significado.
- Se a sua música tem uma palavra familiar que você sabe que seu bebê compreende, cante essa palavra mais alto que as outras.
- Em vez de cantar, recite as mesmas palavras de formas diferentes: em sussurros, com voz suave, alto e em falsete.
- Seja o que for que você cante ou recite, o ritmo vai abrir um leque de oportunidades no cérebro de seu filho.

O que diz a pesquisa cerebral

Entender a música, e principalmente o ritmo, exige a interação entre os dois lados do cérebro. Toque muitos tipos de música para o seu bebê desenvolver bem o cérebro e a percepção de altura dos sons, crucial para ele aprender a falar.

125 Brincadeiras para Bebês

Dos 6 aos 9 meses

Abracadabra

- Coloque uma echarpe bem colorida dentro de um tubo de papelão.
- Puxe a echarpe com expressões de prazer e surpresa.
- Ponha novamente a echarpe dentro do tubo.
- Incentive seu bebê a puxar a echarpe.
- Observe a surpresa e o prazer no rosto do seu bebê.
- Seu bebê vai querer fazer essa brincadeira muitas e muitas vezes!

O que diz a pesquisa cerebral

Novidade e surpresa, quando acontecem num ambiente seguro e carinhoso, geram conexões de aprendizado e memória no cérebro.

Rima de boa noite

Dos 6 aos 9 meses

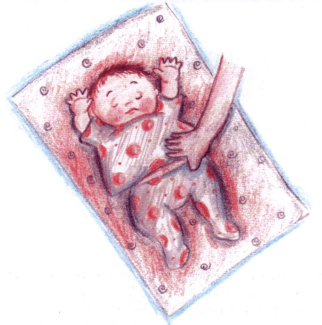

- Embale o seu bebê enquanto diz os seguintes versinhos:

    *Boa noite, bebezinho, boa noite, meu bem,
    O relógio está andando e diz: a noite vem.
    Boa noite, bebezinho, boa noite, meu bem,
    As estrelas estão piscando, o sono vem.*

- Coloque delicadamente o bebê na cama e diga, "boa noite, boa noite".
- Esfregue suas costas e dê-lhe um beijo.

O que diz a pesquisa cerebral

Pegar o seu bebê no colo e fazer-lhe carinhos conforta a criança e ajuda seu cérebro a se desenvolver.

Dos 6 aos 9 meses

Chaves divertidas

- As chaves são alguns dos brinquedos favoritos dos bebês. Fazem barulho e são fáceis de segurar, e os bebês gostam de deixá-las cair no chão.
- Segure as chaves e diga: "Um, dois e três, as chaves caíram outra vez."
- Deixe as chaves caírem e certifique-se de que seu bebê as vê cair.
- Ponha as chaves na mão do bebê e repita o versinho acima.
- Abra os dedos do bebê e deixe as chaves caírem.
- Depois de algumas vezes, seu bebê já vai saber o que fazer e vai adorar essa brincadeira.
- Essa é uma brincadeira excelente para desenvolver a coordenação motora dos músculos pequenos.

O que diz a pesquisa cerebral

Exercitar os músculos das mãos estimula o desenvolvimento do cérebro do bebê.

Dos 6 aos 9 meses

Acenar

- Acene com as mãos e os pés de seu bebê para pessoas ou animais de estimação que ele conhece.
- Com a melodia de "Os Dedinhos", cante o seguinte:

>   Quem vem lá, quem vem lá,
>   É o papai, é o papai, (ou mamãe, vovô,
>   nome da pessoa etc.)
>   Vou dizer olá, vou dizer olá,
>   Um, dois, três.
>   Um, dois, três.

- Você pode acenar com qualquer das mãos ou pés do bebê para a vovó, o vovô, outros parentes, amigos e bichinhos de estimação.

O que diz a pesquisa cerebral

Os cientistas que estudam o cérebro descobriram que o vínculo mãe/pai-filho é o fator mais importante para o desenvolvimento do bebê.

Dos 6 aos 9 meses

Brincar de ouvir

- Quanto mais experiência o seu pequeno tiver em ouvir, tanto melhor será a sua linguagem.
- Inclua o seu bebê ao máximo nas conversas de família. À mesa das refeições, ouvir os outros conversarem vai ensinar muitas palavras ao bebê.
- Lembre-se de que, embora o seu bebê não consiga pronunciar palavras, entende muitas delas.
- Ligue o rádio e varie de programa para o bebê ouvir vozes e sons diferentes.
- Muitas vezes, seu bebê vai reagir ao que está ouvindo. Procure incentivar essas reações e interagir com ele.

O que diz a pesquisa cerebral

A fase mais intensiva de desenvolvimento da fala e da linguagem é durante os três primeiros anos de vida. A fala e a linguagem desenvolvem-se melhor num ambiente rico em sons em geral, cores, formas e sons de uma língua estrangeira.

Dos 6 aos 9 meses

Dicas de leitura

- Reserve algum tempo para os livros todos os dias. A hora de dormir costuma ser um bom momento para isso.
- Selecione livros com frases curtas e ilustrações simples.
- Deixe seu bebê segurar o livro e virar as páginas.
- Apenas cite o nome das ilustrações. A história vem depois.
- Pare e converse sobre qualquer coisa que o seu bebê pareça achar interessante. Uma ilustração pode lembrá-lo de alguma outra coisa. Mantenha a conversa e use muitas palavras descritivas.
- O mais importante de tudo: repita, repita, repita. Seu bebê vai querer ler o mesmo livro muitas e muitas vezes. Quanto mais você repete, tanto mais o cerebrozinho "liga".

O que diz a pesquisa cerebral

O cérebro de um bebê é "ligado" pela ativação repetida de circuitos neurológicos fortes e saudáveis no cérebro, que se tornam verdadeiras "rodovias" de aprendizado.

Dos 6 aos 9 meses

Brincar de subir

- Não há como evitar! Seu bebê vai começar a subir em cima de tudo o que estiver à vista. Por que não ajudá-lo edesenvolver a coordenação motora dos músculos maiores?
- Pegue almofadas e travesseiros e empilhe-os no chão.
- Ponha o bebê na frente da pilha e deixe: ele vai se divertir muito.
- Pegue um brinquedo favorito e coloque-o em cima de um dos travesseiros. Isso vai atraí-lo ainda mais.

Nota: Fique perto enquanto o seu bebê explora o ambiente.

O que diz a pesquisa cerebral

Todo cérebro jovem forma, de acordo com seu próprio ritmo, as conexões nervosas e musculares necessárias para engatinhar ou escalar.

Imitações

Dos 6 aos 9 meses

- Muita pesquisa tem sido feita sobre o ensino de linguagem de sinais aos bebês.
- Por exemplo: quando você estiver lendo um livro para seu bebê e aparecer a ilustração de um gato, você pode dizer a palavra e fazer um movimento qualquer que lembre o gato. Isso ajuda a criança a fazer a conexão entre a palavra e a ilustração.
- Aqui estão três exemplos para ensinar ao seu bebê:
  - Gato – com a palma de uma das mãos, alise as costas da outra, como quem está acariciando as costas de um gato.
  - Peixe – abra e feche a boca como um peixe.
  - Pássaro – bata os braços como se fossem asas.
- Cantar músicas que tenham essas palavras é uma forma excelente de reforçar as imitações. Algumas músicas de "Os Saltimbancos" são muito interessantes.

O que diz a pesquisa cerebral

O cérebro é capaz de aprender durante a vida toda, mas nenhuma outra fase se compara com esse período fantástico de aprendizado.

125 Brincadeiras para Bebês

Dos 6 aos 9 meses

Balancinho

- Esta brincadeira é um ótimo exercício que também ajuda o bebê a prever que algo vai acontecer.
- Deite seu bebê em cima de uma superfície horizontal macia.
- Segure suas mãos e punhos e conte, "Um, dois, três, balancê!"
- Puxe-o delicadamente até ele se sentar.
- Grite, "Viva!" quando ele estiver sentado.
- Empurre-o delicadamente para trás, até ele se deitar novamente e repita.
- Depois de várias repetições, seu bebê vai prever o movimento de levantar. Cuidado: tenha certeza de que o seu bebê consegue firmar bem a cabeça e mantê-la na posição certa antes de fazer essa atividade.

O que diz a pesquisa cerebral

O cérebro do bebê tem muito mais chances de ter um desenvolvimento saudável num ambiente acolhedor e sem estresse.

125 Brincadeiras para Bebês

102

Balançar e cantar

Dos 6 aos 9 meses

- Ponha seu bebê de bruços e incentive-o a levantar a cabeça.
- Deite-se de frente para ele, levantando a cabeça você também.
- Levante-se de bruços e balance para trás e para a frente.
- Incentive seu bebê a imitar você.
- Enquanto balança o corpo para lá e para cá pode cantarolar uma música. Não é preciso haver palavras, só sílabas com uma melodia bonita já está ótimo. Isso vai incentivar seu bebê a cantarolar e balançar o corpo quando estiver de quatro.

O que diz a pesquisa cerebral

Atividades feitas de bruços permitem que o bebê desenvolva o controle da cabeça e fortaleça a parte superior do corpo – ele vai precisar disso para engatinhar. Brincadeiras feitas com o bebê de bruços melhoram a sua coordenação motora além de promover o desenvolvimento do seu cérebro.

Dos 6 aos 9 meses

Leia de novo!

- Nada mais delicioso do que pegar o seu bebê no colo para curtir um bom livro com ele!
- Os bebês têm livros que adoram. São aqueles livros que querem que a gente leia muitas e muitas vezes para eles. As razões podem ser muitas: as cores, as imagens, a textura do material (áspera ou macia), a história.
- Nessa idade, seu bebê vai ter muito interesse em olhar para as imagens e em virar as páginas.
- Use o nome de seu bebê na história sempre que possível.
- Escolha livros agradáveis ao tato. Os bebês dessa idade também reagem muito bem aos sons, de modo que seria bom procurar livros que incorporem elementos que possam ser amassados e façam aquele barulhinho característico, ou que façam sons de rangido, de apito, de assobio ou notas musicais.

O que diz a pesquisa cerebral

A repetição organiza modelos de linguagem para os bebês e os ajuda a entender palavras novas e novos significados de palavras conhecidas. Os bebês começam a explorar o mundo pelo tato e por isso existem tantos livros para bebês com as mais diversas texturas.

125 Brincadeiras para Bebês

104

Rosto colado

Dos 6 aos 9 meses

- Amor e afeto são necessidades muito concretas. Seu bebê nunca tenta manipular ou controlar você: ele só tem uma necessidade biológica de seu amor e afeto.
- Pegue o seu bebê no colo e diga o seguinte:

    Nariz colado (encoste os narizes).
    Rosto colado (encoste as bochechas).
    Orelha colada (encoste as orelhas).
    Eu te amo (dê um abraço apertado no seu bebê).

O que diz a pesquisa cerebral

O amor incondicional promove a autoestima do seu bebê e o desenvolvimento dos circuitos cerebrais.

125 Brincadeiras para Bebês

Dos 6 aos 9 meses

Língua gestual

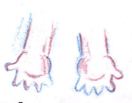

Palmas pra cima

Palmas pra baixo

- A idade de seis meses é um bom momento para começar a se comunicar com seu bebê por meio de sinais.

- Alguns dos sinais mais importantes que você pode introduzir são: *mais* (quando ele estiver mamando), *comer, hora de mamar* e *acabou*. Você pode usar os sinais usados em uma das línguas oficiais dos surdos, ou inventar os seus. Há muitos livros que ensinam esses sinais ou gestos com bebês – você também pode tentar descobrir na *internet* um *website* que mostra os sinais usados com bebês em português.

- O importante é usar os sinais de forma regular, constante.

- Logo seu bebê vai estar se comunicando com você por meio dos sinais.

O que diz a pesquisa cerebral

Conversar exercita o cérebro. A plasticidade do cérebro permite que os bebês aprendam outra língua, como a língua gestual usada pelos surdos. Quanto maior o número de palavras que um bebê aprende, tanto mais conexões seu cérebro faz. Usar a língua gestual dá ao bebê a chance de se comunicar e participar de uma conversa.

106   125 Brincadeiras para Bebês

De 9 a 12 meses

Dos 9 aos 12 meses

Explorando o mundo lá fora

- Brincar ao ar livre num dia bonito é uma forma maravilhosa de vivenciar todos os sentidos.
- Deixe seu bebê engatinhar na grama enquanto você engatinha a seu lado.
- Diga o nome de todas as coisas pelas quais seu bebê pareça interessado.
- Sinta o perfume das flores, faça cócegas com folhinhas de grama, procure besouros, e deixe o bebê explorar o ambiente com os sentidos. Há muitas coisas para experimentar.
- Rolar na grama é muito gostoso e seu bebê vai gostar da leve sensação de "pinicar".

O que diz a pesquisa cerebral

As experiências da primeira infância exercem uma influência dramática e precisa, determinando como os intrincados circuitos nervosos do cérebro são ativados.

Dos 9 aos 12 meses

Procura e acharás

- Descobrir a origem de um som é uma brincadeira muito boa para desenvolver a percepção auditiva.
- Você vai precisar de um relógio de corda que tenha um som agradável.
- Segure o relógio e cante uma musiquinha com tique-taque para o seu bebê ou recite estes versos:

    *O relógio faz tique, taque,
    Onde é que se escondeu?,
    O relógio faz tique, taque,
    Quem acha ele sou eu.*

- Agora pegue e relógio e coloque-o embaixo de um travesseiro.
- Depois pergunte ao bebê: "Onde está o tique-taque?"
- Ajude-o a encontrar o relógio, usando o som para localizá-lo. Depois que ele entender como é essa brincadeira, vai querer repeti-la muitas e muitas vezes.

O que diz a pesquisa cerebral

O cérebro de um bebê consegue discernir todos os sons possíveis de todas as línguas. Aos dez meses, os bebês já filtraram os sons que ouvem e aprenderam e a se concentrar nos sons de sua língua materna.

Dos 9 aos 12 meses

Onde está...?

- Sente-se com o seu bebê e vejam fotos juntos.
- Procure uma foto de alguém da família.
- Fale sobre a foto dizendo o nome da pessoa que está nela. Repita o nome e peça ao seu bebê para apontar para a pessoa na foto.
- Continue a brincadeira com outra foto.
- O seu bebê pode surpreendê-la mostrando-lhe o quanto ele compreende.

O que diz a pesquisa cerebral

Um relacionamento amoroso e envolvente com um bebê fortalece as conexões cerebrais que o ajudam a lidar com as emoções.

Eu toco

Dos 9 aos 12 meses

- Esses versinhos ajudam seu bebê a identificar as diferentes partes do corpo.
- Coloque o seu bebê em pé segurando uma cadeira ou outra peça de apoio.
- Primeiro recite os versinhos apontando para as partes correspondentes de seu corpo.
- Depois, pegue a mão do bebê e aponte para cada parte do corpo dele enquanto diz o seguinte:

   *Eu toco a bochecha, o cabelo, o queixo,
   Eu toco a cabeça, sem perder o eixo!
   Eu toco os joelhos, o pescocinho,
   Depois me dobro e toco os pezinhos!*

- Você também pode dizer palavras que comecem com o mesmo som ("Eu toco a boca e a bochecha, Eu toco o cabelo e a cabeça").

O que diz a pesquisa cerebral

O toque é fundamental para o desenvolvimento do bebê. De todas as experiências sensoriais, é primeiro pelo toque que os bebês sabem que são amados.

125 Brincadeiras para Bebês

111

Dos 9 aos 12 meses

Quebra-cabecinha

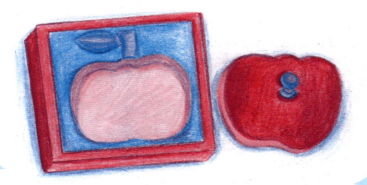

- Este é um bom momento para introduzir quebra-cabeças simples, básicos e fáceis.
- Dê a seu bebê quebra-cabeças de uma ou duas peças de madeira com um pininho para ele pegar. Os quebra-cabeças devem ser fáceis de montar.
- Converse com seu bebê enquanto ele tenta encaixar as peças do quebra-cabeças, para ajudá-lo na sua atividade.
- Comemore com ele toda vez que seu bebê conseguir pôr a peça no seu devido lugar.

O que diz a pesquisa cerebral

As experiências que começam com um conceito simples e levam a ideias e soluções mais complexas são os alicerces das conexões entre as células nervosas.

Dos 9 aos 12 meses

Batatinha quando nasce

- Pegue seu bebê no colo.
- Segure um tornozelo com cada mão e recite o seguinte:

> Este é o Bill e este é o Jill.
> Eles saíram pra brincar.
> Subiram, subiram por aqui. (Cruze uma perninha sobre a outra.)
> Subiram, subiram por ali.
>   (Cruze a outra perninha sobre a primeira.)
> Isto é bom, é muito bom.
> Eu quero mais e mais.
>   (Dê um grande beijo no seu bebê.)

O que diz a pesquisa cerebral

O toque positivo e prazeroso libera hormônios e estimula a produção de neurotransmissores importantes para gerar memória e facilitar o aprendizado.

Dos 9 aos 12 meses

Banho no brinquedo

- Toalhas de banho são uma diversão incrível para os bebês. A textura é agradável em todo o seu corpo, principalmente no rosto.
- Brinque de esconde-esconde com a toalha ao lhe dar banho.
- Coloque um brinquedo pequeno dentro de uma toalha de banho e deixe o bebê enfiar os dedinhos nas dobras para encontrá-lo.
- Dê a toalha de banho ao bebê e deixe-o enxugar o seu rosto.
- Com uma melodia apropriada, cante algo assim:

> É hora de banho
> Que hora tão feliz
> Eu vou ficar limpinho
> E brincar de chafariz.

O que diz a pesquisa cerebral

As experiências sensoriais e as interações sociais com o bebê favorecem sua futura capacidade intelectual.

Dos 9 aos 12 meses

Tudo novo de novo

- Embrulhe alguns dos brinquedos prediletos de seu bebê em sobras de papel de presente coloridos.
- Dê os presentes a seu bebê.
- Observe como o bebê usa as mãos e os olhos e se concentra para descobrir o que está escondido dentro do papel de presente.
- Descreva o brinquedo e mostre surpresa quando ele é revelado finalmente: "Olha, a sua bola predileta!" ou "Você abriu o presente e encontrou seu ursinho."

O que diz a pesquisa cerebral

Ao tocar, pegar e manipular objetos, o bebê descobre as formas. O desenvolvimento motor fino é necessário para a criança comer e se vestir sozinha. Objetos que se encaixam uns nos outros, como argolas e formas geométricas, ou contas com buraquinhos que possam ser montadas numa vareta e quebra-cabeças simples, dão oportunidade de praticar movimentos finos.

Dos 9 aos 12 meses

Um, dois, três, chuta

- Mostre ao bebê como se segurar num dos lados de uma cadeira e chutar.
- Incentive-o a imitar você.
- Diga, "Um, dois, três, chuta!" e chute ao pronunciar a palavra "chuta".
- Ouvir a palavra "chuta" é divertidíssimo para os bebês e chutar desenvolve a força muscular.
- Chute para a frente, chute para o lado e chute para trás.
- Procure contar numa voz suave e dizer a palavra "chuta" numa voz mais forte.

O que diz a pesquisa cerebral

O movimento físico estimula o desenvolvimento dos músculos e dos ossos, e também o crescimento e desenvolvimento do cérebro. A pesquisa comprovou que a atividade física induz o cérebro a criar conexões e circuitos entre os neurônios. Circuitos neurológicos ativos são importantes para o desenvolvimento intelectual e cognitivo.

125 Brincadeiras para Bebês

Dos 9 aos 12 meses

Enrola, enrola

- Mostre ao bebê como fechar os punhos.
- Depois pegue os punhos do bebê e faça-os girar um em torno do outro.
- Enquanto faz esse movimento, cante para ele:

    *Enrola, enrola,
    Devagarinho* (gire os pulsos do bebê lentamente),
    *Enrola, enrola,
    Depois rapidinho* (aumente a velocidade).

- Termine com um abraço e um beijo.

O que diz a pesquisa cerebral

A pesquisa cerebral comprovou que os bebês precisam de relações substanciosas e seguras. Precisam também de um ambiente estimulante que lhes ofereça oportunidades de explorar o mundo e resolver problemas.

Dos 9 aos 12 meses

Brincadeirinhas com o corpo

- Você pode ajudar seu bebê a adquirir consciência das suas habilidades.
- Sente-se no chão com seu bebê de frente para você.
- Faça um grande número de movimentos com o rosto e a cabeça, incentivando-o a imitar você. Eis algumas ideias:

  - Faça uma careta engraçada.
  - Ponha a língua de fora e faça sons esquisitos.
  - Mova a cabeça em direções diferentes, para cima e para baixo e de um lado para o outro.
  - Bata com os punhos no peito e grite.
  - Imite as vozes de diferentes animais.
  - Deite-se de costas e chute o ar.
  - Fique de quatro e lata como um cachorro.

- Depois de várias dessas brincadeiras, repita-as em frente ao espelho. Ao se ver a si próprio fazendo toda sorte de brincadeiras, ele vai se divertir ainda mais, além de desenvolver sua percepção.

O que diz a pesquisa cerebral

Expressar as emoções ativa no cérebro a produção de substâncias químicas que promovem a memória.

Dos 9 aos 12 meses

Brinquedos de empilhar/encaixar

- Encaixar argolas de vários tamanhos é uma atividade lúdica com muitas possibilidades para o desenvolvimento intelectual do bebê.
- Dependendo das necessidades e grau de capacidade do seu bebê, você pode incentivá-lo a tentar qualquer uma das atividades abaixo:
  - Empilhar argolas em tamanho decrescente (das maiores para as menores), ou vice-versa, das menores para as maiores, ou em qualquer outra ordem.
  - Jogar as argolas para o alto.
  - Pôr as argolas nos dedos.
  - Pôr as argolas na boca.
  - Girar as argolas.
- Todos os brinquedos têm muitas possibilidades criativas. Ajude seu bebê a descobrir formas diferentes de curtir os seus brinquedos.

O que diz a pesquisa cerebral

Ajudar o desenvolvimento do cérebro de um bebê significa mergulhá-lo num ambiente rico e estimulante em termos emocionais e intelectuais.

Dos 9 aos 12 meses

Eu sou pequenininho

- Recite os seguintes versinhos enquanto balança o bebê sobre os joelhos:

    Eu sou pequenininho
    Do tamanho de um botão (Balance o bebê.)
    Carrego papai no bolso
    E mamãe no coração (Balance o bebê.)
    Mas o bolso se rasgou
    E papai caiu no chão (Abra os joelhos e, segurando o bebê com firmeza, deixe-o escorregar até o chão).
    Levanta, levanta o papai do chão! (Erga o bebê para seus joelhos).

- Dê a seu bebê o bichinho de pelúcia do qual ele mais gosta para segurar enquanto faz essa brincadeira.
- Isso pode lhe dar a ideia de fazer a brincadeira com o bichinho de pelúcia.
- Quando ele repetir a brincadeira, você saberá que houve uma conexão cerebral.

O que diz a pesquisa cerebral

Músicas, movimento e as brincadeiras de roda das crianças têm sido considerados "exercícios neurológicos brilhantes", pois apresentam os padrões da linguagem, ajudam-nas a desenvolver a coordenação motora e os movimentos essenciais.

125 Brincadeiras para Bebês

120

Dos 9 aos 12 meses

Vou te pegar!

- Seu bebê gosta e precisa de muitas interações.
- Quer ele esteja engatinhando, quer esteja começando a andar, ele vai adorar uma brincadeira simples de "perseguição".
- Movimente-se de forma parecida à do seu bebê.
- Chame-o pelo nome e acrescente sons, palavras de incentivo ou outros ruídos e barulhos que ajudem a manter a conexão.
- Se o seu bebê quiser, deixe-o tentar pegar você também, engatinhando ou andando.

O que diz a pesquisa cerebral

Os bebês descobrem a si mesmos e o mundo através das interações com outras pessoas. As conexões cerebrais que levam a outros sucessos têm como base os cuidados e o carinho que ele recebe. Esse tipo de interação amorosa alimenta a curiosidade, a criatividade e a autoconfiança do bebê.

Dos 9 aos 12 meses

Faça o que eu faço

- O desenvolvimento da coordenação motora dos músculos grandes ajuda os bebês a fazer conexões cerebrais.
- Realize uma ação e peça ao bebê para imitá-lo. Se ele não entender o que "imitar" significa, movimente seu corpo de maneira a imitar o que você está fazendo.
- Experimente olhar para um espelho de corpo inteiro ao fazer essa brincadeira.
- Aqui estão algumas coisas que você pode fazer:
  - Dar passos gigantes — se o seu bebê não estiver andando, faça isso engatinhando.
  - Dê passos pequenos — se o seu bebê não estiver andando, faça isso engatinhando.
  - Estique um braço para o lado e faça círculos grandes.
  - Repita com o outro braço.
  - Segure uma bola de praia grande, depois deixe-a cair e pegue-a de novo.

O que diz a pesquisa cerebral

Hoje em dia, a maior parte dos cientistas concorda que o desenvolvimento motor ocorre depois que o cérebro foi "ativado" para a tarefa, aprendendo e praticando novos movimentos.

Dos 9 aos 12 meses

Puxa, puxa!

- Essa brincadeira aumenta a força do braço, e seu bebê vai adorar!
- Sente-se no chão de frente para seu bebê.
- Pegue a ponta de um cachecol comprido e dê a outra ponta para ele.
- Comece a puxar delicadamente o cachecol e mostre ao bebê como puxar do lado dele.
- Quando ele começar a puxar muito forte, caia para a frente. Isso sempre faz os bebês rirem.
- Essa brincadeira é excelente para desenvolver os músculos, e é divertidíssima!

O que diz a pesquisa cerebral

O período crítico para o controle muscular começa logo depois do nascimento. Nesta fase é construída a base dos circuitos cerebrais responsáveis pelo controle motor. A atividade física é um fator determinante do desenvolvimento inicial do cérebro.

Dos 9 aos 12 meses

Ritmos lentos e rápidos

- Dê algumas colheres de pau ou baquetas para seu bebê.
- Coloque-o num cadeirão ou sente-o no chão ou outro lugar que tenha uma superfície adequada para ele bater as colheres.
- Você também pode pegar umas colheres de pau ou baquetas.
- Cante uma música de que goste e acompanhe o ritmo com as colheres.
- Incentive o bebê a usar suas colheres também.
- Cante a música num ritmo mais lento e bata as colheres mais devagar.
- Cante a música num ritmo mais rápido e bata as colheres mais depressa.
- Seu bebê vai gostar de ver você bater as colheres mais devagar e mais depressa. Vai começar a entender o que é rápido e devagar.

O que diz a pesquisa cerebral

As experiências com música na primeira infância facilitam e melhoram a percepção espaço-temporal e o aprendizado de conceitos matemáticos.

125 Brincadeiras para Bebês

Dos 9 aos 12 meses

Música vocal

- À medida que seu bebê começa a desenvolver a fala, vai gostar de descobrir as muitas coisas que pode fazer com a boca.
- Escolha uma música da qual ele goste.
- Cante-a de várias maneiras: cante bem alto, cante bem baixinho, cante fazendo o som na garganta, com a boca fechada, ou com outra voz que o seu bebê curta.
- Quanto mais variadas forem as formas que seu bebê escutar essa música, tanto mais tentará imitar você e desenvolver a fala.

O que diz a pesquisa cerebral

Canções, movimento e brincadeiras com música infantil são exercícios neurológicos que ajudam as crianças a aprender a falar e desenvolvem a coordenação motora.

Dos 9 aos 12 meses

Lembranças do zoológico

- Leve seu bebê a um zoológico e, se possível, a uma área onde ele possa tocar ou fazer carinho nos animais.
- Converse com ele sobre os animais que vocês veem.
- Imite os sons que você e seu bebê escutam.
- Descreva as cores, os cheiros, as formas e os sons do zoo.
- Tanto quanto possível, deixe seu bebê interagir com os animais, tocando neles ou lhes fazendo um carinho.

O que diz a pesquisa cerebral

O que os cinco sentidos experimentam ajudam as conexões que orientam o desenvolvimento do cérebro. As primeiras experiências têm um impacto decisivo sobre a arquitetura do cérebro.

Já sou grande

Dos 9 aos 12 meses

- A certa altura, seu filho vai querer cuidar de você, fazendo por você aquilo que você faz por ele.
- Quando surgir uma oportunidade, deixe seu bebê lhe oferecer comida, tentar lavar o seu rosto com uma toalha, escovar ou pentear seu cabelo, ou qualquer outra atividade interessante.
- Converse com o seu filho sobre o que ele está fazendo e não se esqueça de lhe agradecer por seus cuidados.

O que diz a pesquisa cerebral

Os circuitos que se formam no cérebro são fundamentais para definir quem somos. Um bebê cujos balbucios são recebidos com sorrisos e abraços, em lugar de uma expressão impassível, provavelmente se tornará receptivo emocionalmente.

Dos 9 aos 12 meses

Mudanças

- Faça uma brincadeira simples com seu bebê que envolva uma resposta ou reação simples a uma ação simples.
- Encha as bochechas de ar, ou só uma delas e, enquanto o seu bebê tenta esvaziá-la, você enche a outra.
- Se o bebê tocar o seu nariz, abra a boca.
- Se ele der um tapinha na sua cabeça, cantarole algumas notas musicais.
- Dê respostas simples a interações iniciadas por seu bebê.

O que diz a pesquisa cerebral

O conceito de causa e efeito é a chave para o desenvolvimento do cérebro em muitas áreas, inclusive o desenvolvimento intelectual e social de seu bebê.

Os dentinhos

Dos 9 aos 12 meses

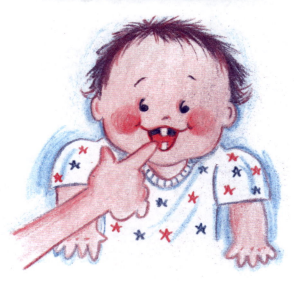

- Esta é uma das brincadeiras que os bebês adoram.
- Ensine seu bebê a abrir a boca e mostrar os dentes.
- Ponha a língua para fora e veja se ele imita você.
- Agora use a língua, esfregando-a contra os dentes de cima.
- Depois, com uma melodia apropriada (por exemplo a música de "Os Dedinhos"), cante:

> Meus dentinhos, meus dentinhos
> Vou mostrar, vou mostrar
> São tão bonitinhos, são tão bonitinhos
> Vou escovar, vou escovar.

- Repita e aponte para os dentinhos de seu bebê.
- Incentive-o a pôr a língua de fora e tentar passá-la em cima dos dentinhos superiores.

O que diz a pesquisa cerebral

Uma quantidade crescente de comprovações científicas mostra que a maneira com que os bebês são cuidados determina o seu desenvolvimento emocional, o desenvolvimento do cérebro e do sistema nervoso central. O humor é uma parte importante desse desenvolvimento.

Dos 9 aos 12 meses

Caixa de surpresas

- Essa brincadeira ajuda a reforçar a ideia de que as surpresas podem ser divertidas.
- Feche as mãos com o polegar escondido.
- Ao dizer as palavras, "Vai, sim!", mostre os polegares com um movimento rápido:

> Caixinha de surpresas,
> Não vai abrir?
> Vai, sim!

- Ajude seu filho a fechar a mão e mostre-lhe como libertar os polegares.
- Você também pode fazer essa brincadeira agachando-se e pulando de repente.

O que diz a pesquisa cerebral

Rimas e poemas são exercícios neurológicos que introduzem a criança no mundo da fala, da capacidade motora e sensorial e de estratégias vitais de movimentos.

125 Brincadeiras para Bebês

Dos 9 aos 12 meses

Estourar bolhas de sabão

- Com um canudinho e sabão, faça bolhas para o seu filho.
- Incentive seu bebê a tentar pegar, a tocar, furar, esmagar ou estourar as bolhas de alguma outra forma.
- Descreva o tamanho e as cores das bolhas.
- Conte as bolhas enquanto elas flutuam pela sala ou quarto.

O que diz a pesquisa cerebral

Nessa idade, o bebê é capaz de avaliar bem as distâncias. Sua coordenação olho-mão e olho--corpo lhe permite pegar e atirar objetos de forma bem precisa. As capacidades perceptivas, como a memória visual e a discriminação visual, ajudam o bebê a dar sentido ao seu fascinante novo mundo.

Dos 9 aos 12 meses

Passeio de carrinho

- Leve seu bebê para passear ao ar livre e ajude-o explorar o ambiente. Mesmo que haja muito para ser visto, ajude-o a focalizar uma coisa de cada vez.
- Empurre o carrinho e pare diante de coisas interessantes para conversar a respeito.
- Pare diante de uma árvore e fale sobre as folhas. Deixe o bebê tocar as folhas.
- Procure passarinhos ou besouros nas árvores.
- Converse somente sobre três ou quatro coisas em cada passeio.
- Repita essa atividade muitas vezes, apontando para as mesmas três ou quatro coisas anteriores antes de acrescentar outras.

O que diz a pesquisa cerebral

Os cientistas descobriram que a parte do cérebro que armazena as lembranças está inteiramente madura entre os nove e dez meses.

125 Brincadeiras para Bebês

Descobrindo os livros

Dos 9 aos 12 meses

- Ler em voz alta é um presente maravilhoso que você pode dar a seu filho.
- Os bebês interessam-se pelas ilustrações, pela forma do livro, por virar as páginas, por segurá-lo e tocá-lo.
- Aponte para uma ilustração e diga o que é. Quando você aponta para a mesma ilustração várias vezes, seu bebê aprende o nome do objeto ou pessoa.
- Pergunte a seu filho: "Onde está ....?" Veja se ele aponta a ilustração.
- Deixe seu bebê segurar, deixar cair e virar as páginas de um livro. Esse tipo de experimentação prepara o terreno para a fala, a leitura e momentos especiais entre vocês dois.
- Leia o mesmo livro muitas e muitas vezes.

O que diz a pesquisa cerebral

Quanto mais você conversar e ler para o seu bebê, tanto mais fortes serão as conexões relacionadas à linguagem. A língua é um fator-chave para o sucesso futuro na escola.

125 Brincadeiras para Bebês

Dos 9 aos 12 meses

Fazer compras

- Levar seu bebê ao supermercado pode ser uma experiência agradável.
- Aqui estão algumas coisas que você pode fazer com seu bebê enquanto estiver no supermercado:
  - Apontar ilustrações e letras nas latas e caixas.
  - Mostrar-lhe as comidas que ele come e o que ele bebe em casa.
  - Dar-lhe a oportunidade de escolher alimentos da família.
  - Deixá-lo pôr algumas das compras no carrinho do supermercado.
  - Descrever as comidas à medida que as for colocando no carrinho, dizendo se são quentes, frias, macias, duras, crocantes etc.

O que diz a pesquisa cerebral

O tamanho do vocabulário de um bebê é determinado em grande parte pelo que ele aprende nos seus três primeiros anos de vida. Se você conversa, canta e lê para ele, ele tem mais chance de ter um vocabulário maior quando aprender a falar. O cérebro sintoniza-se com os sons que compõem as palavras e constrói conexões que lhe permitem ter acesso aos sons à medida que o vocabulário aumenta.

125 Brincadeiras para Bebês

Dos 9 aos 12 meses

Cai, cai, balão

- Muitas cantigas de roda são divertidas, em parte, por causa da repetição de palavras ou sílabas.
- Cante os versos e, quando disser a palavra balão, segure seu filho e pule, como se fosse o balão caindo. Se ele aguentar, segure-o pela cintura e ajude-o a pular.

> Cai, cai, balão, cai, cai, balão,
> Na rua do sabão...
> Não cai, não, não cai, não,
>   não cai, não,
> Cai aqui na minha mão!

- Repita a cantiga. Ao dizer a palavra balão, jogue seu filho para o alto.

O que diz a pesquisa cerebral

A melhor época para aprender a falar é os primeiros anos de vida. As crianças precisam ouvir você conversar, cantar e ler para ela durante esses primeiros tempos. Responda a seus balbucios e esforços para se comunicar verbalmente.

Dos 9 aos 12 meses

Cadê meu ursinho?

- Em geral, os bebês adoram explorar o chão em busca de objetos caídos.
- Faça a seguinte brincadeira com seu bebê:
- Pegue o ursinho ou outro bicho de pelúcia de que seu filho goste e depois o coloque delicadamente no chão.
- Pergunte a seu bebê: "Onde está o ursinho?"
- Incentive-o a movimentar o corpo para pegar o ursinho.

- Se ele lhe mostrar por meio de gestos e sons que o ursinho está fora do seu alcance, ajude-o trazendo o brinquedo para mais perto.
- Realizar a tarefa aumenta a autoconfiança do bebê.
- Quando ele pegar o ursinho, pergunte: "Vamos fazer de novo?"
- Ande pelo quarto e ponha delicadamente o ursinho em outro lugar.
- Continue com a brincadeira enquanto o bebê mostrar interesse.
- Peça-lhe para pôr o ursinho no chão para você pegar.

O que diz a pesquisa cerebral

Os bebês precisam de um ambiente seguro para explorar a fim de desenvolver sua capacidade motora e as conexões cerebrais que a acompanham.

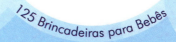

Eu consigo, sim

Dos 9 aos 12 meses

- Essa é uma brincadeira para a hora do banho. Dê ao seu bebê uma buchinha para esfregar o corpo.
- Invente ou use uma melodia conhecida para cantar as seguintes palavras: "Você consegue lavar o rosto?" Pegue a mão do bebê e esfregue delicadamente a toalha de banho no seu rosto, e depois cante, "Eu consigo, sim. Consigo, sim".
- Continue a brincadeira com as outras partes do corpo: mãos, pés, bochechas, nariz, orelhas e assim por diante.
- Depois peça ao bebê para lavar o seu rosto, as suas mãos, seu nariz etc.
- Ao secar o bebê, faça a mesma brincadeira com a toalha de banho, secando e dizendo o nome das diferentes partes do corpo.

O que diz a pesquisa cerebral

Arranje bastante tempo e oportunidades para praticar e repetir atividades e brincadeiras. Poucas coisas são melhores para construir o cérebro de uma criança e abrir caminho para o aprendizado do que a repetição constante de atividades e experiências saudáveis.

Dos 9 aos 12 meses

Afundar ou flutuar

- Você pode fazer essa brincadeira na banheira ou numa bacia grande cheia de água.
  Nota: Nunca deixe seu filho sozinho na banheira, nem perto de uma bacia ou outro recipiente com água.
- Você vai precisar de vários objetos que afundem ou flutuem na água.
- Ponha um dos objetos que flutuam na água e diga: "Está vendo que ele flutua?"
- Depois coloque um objeto que afunda na água e diga: "Está vendo que ele vai para o fundo?"
- Repita com os outros objetos, alternando entre os que flutuam e os que afundam.
- Deixe seu filho pegar um dos objetos e começar a fazer experiências.
- Tente com outros brinquedos para ver quais afundam e quais flutuam.

O que diz a pesquisa cerebral

Essa brincadeira é ótima para desenvolver a percepção cognitiva. O aumento das conexões entre as células do cérebro do bebê depende muito do seu meio ambiente e de suas experiências.

125 Brincadeiras para Bebês

138

Olha só, lá vem!

- Criar uma "corrida de obstáculos" para o seu bebê é algo que vai ajudar a desenvolver sua coordenação e autoconfiança enquanto ele aprende a engatinhar e andar.
- Você pode criar um trajeto em linha reta colocando travesseiros e almofadas de vários tamanhos entre duas barreiras sólidas, como um sofá e uma parede.
- Coloque seu bebê numa das pontas e sente-se na outra ponta do trajeto com um brinquedo na sua mão.
- Diga: "Olha só, lá vem (nome da criança)!" e incentive seu bebê a subir e descer de cada travesseiro e almofada.
- Quando ele chegar ao lugar onde você está, dê-lhe o brinquedo e diga: "Viva, (nome da criança) subiu e desceu de todos esses travesseiros!"

O que diz a pesquisa cerebral

A percepção de altura e o equilíbrio melhoram com essa brincadeira. As brincadeiras que incentivam seu filho a aprender a se controlar e a coordenar seus movimentos preparam o terreno para todo o seu desenvolvimento posterior. Os neurônios ficam "felizes" quando essas tarefas são realizadas.

Índice remissivo

A

Acenar, 97
Algodão, 59
Alongamento, 117
Atividades ao ar livre, 98, 104, 136

B

Balançar, 59, 61, 77, 110, 122
Balanços, 61
Baquetas, 57, 126
Batidinhas, 50, 131
Bichos de pelúcia, 120
Blocos, 81, 135
Bolas, 36, 38, 62, 76, 81, 88, 124
Botões, 73
Brincadeiras com o espelho, 41, 68, 119, 124
Brincadeiras com os dedos, 75
Brincadeiras de esconde-esconde, 66, 70, 71, 86, 105, 106, 107, 108, 112
Brincadeiras de esconder, 79, 80, 81, 82, 83, 84, 85, 112
Brincadeiras de imitação
nascimento-3 meses, 22, 23, 27, 31, 32
3-6 meses, 46, 51, 53, 60
6-9 meses, 68, 69, 79, 83, 96
9-12 meses, 112, 114, 119, 122, 124, 127, 131, 133, 134
Brincadeiras de ritmo
nascimento-3 meses, 15, 23, 29
3-6 meses, 42, 56, 57, 58, 59, 61
6-9 meses, 72, 73, 74, 75, 91, 92
9-12 meses, 121, 122, 126, 127, 129
Brincadeiras de subir, 101
Brincadeiras na hora de comer, 90
Brincadeiras na hora de trocar as fraldas, 18, 34, 36
Brincadeiras no banho, 112, 113, 114, 115
Brincadeiras para acalmar o bebê
nascimento-3 meses, 15, 17, 33, 38
3-6 meses, 30
6-9 meses, 94, 95
9-12 meses, 109, 111
Brincadeiras que aumentam a segurança
nascimento-3 meses, 13, 17, 18, 20, 33
3-6 meses, 49
6-9 meses, 79, 80, 81, 82, 83, 84, 85, 86, 94, 95
Brincadeiras que promovem a capacidade de se relacionar socialmente
nascimento-3 meses, 16, 20
3-6 meses, 49, 51, 52, 53
6-9 meses, 78, 79, 80, 81, 82, 83, 84, 85, 86, 93, 97, 99
9-12 meses, 112, 113, 125
Brincadeiras que promovem a ligação com o bebê
nascimento-3 meses, 12, 13, 17, 18, 20, 32, 34
3-6 meses, 44, 48, 49, 56, 58
6-9 meses, 69, 78, 79, 80, 81, 82, 83, 84, 85, 86, 91, 94, 95, 97
9-12 meses, 106, 107, 108, 110, 111, 113, 115, 118, 119, 121
Brincar com água, 98, 113, 114
Brincar de apertar, 87
Brincar de chutar, 54, 116
Brincar de ler, 100, 102, 130, 137
Brincar de tocar
nascimento-3 meses, 16, 17, 18, 20, 25

3-6 meses42, 44, 52
6-9 meses, 69, 74, 78, 83, 89, 91, 95
9-12 meses, 109, 121, 123, 132
Brinquedos de empilhar, 120
Brinquedos musicais, 70

C

Cachorrinhos, 79
Caixa de surpresas, 135
Canções de ninar, 15, 93
Canções
  A canoa virou, 115
  Abraços e beijos, 18
  Andar de bicicleta, 29
  Bá, bá, bebê, ó, 53
  Ciranda, cirandinha, 56
  Dobra, dobra, dobra, 30
  Enrola, enrola, 118
  Ervilhinhas, cenourinhas, 90
  Está dormindo, 85
  Está feliz?, 130
  Eu sou pequenininho, 122
  Formiguinha no pé, 132
  Lavar, lavar a bola, 112
  Meu cachorrinho, 128
  O sapo não lava o pé, 57
  Oi, papai, 97
  Os dentinhos, 134
  Pirulito que bate, bate, 129
  Rebola, bola, 38, 76
  Rema, rema, remador, 59
  Se esta rua fosse minha, 91
  Trocar a fralda, 34
  Vá dormir, 94
Cantar
  nascimento-3 meses, 18, 20, 21, 28, 29, 30, 33, 34, 35, 38
  3-6 meses, 47, 53, 57, 58, 61
  6-9 meses, 72, 73, 74, 90, 91, 92, 93, 94, 97
  9-12 meses, 105, 106, 112, 115, 126, 127, 131, 132

Capacidade de resolver problemas
  3-6 meses, 54, 55, 64, 66
  6-9 meses, 70, 71, 79, 80, 81, 82, 83, 86, 96
  9-12 meses, 105, 106, 107, 108, 120, 128, 135
Cenouras, 90
Cetim, 25, 89
Chapéus, 24
Chaves, 96
Cheiros, 25, 104
Chocalhos, 23, 54, 64, 73
Colheres de medida, 73, 88
Colheres de pau, 57, 72, 126
Consciência corporal, 16, 75, 78, 109, 116, 117, 123, 132, 134
Contas, 81
Conversas
  nascimento-3 meses, 35
  3-6 meses, 51, 52
  6-9 meses, 93, 99, 132, 133, 138
Coordenação motora dos múscu-los pequenos
  nascimento-3 meses, 19, 36, 63, 64
  6-9 meses, 72, 87, 88, 90, 96, 97, 98
  9-12 meses, 114, 118, 120, 135
Coordenação olho-mão
  nascimento-3 meses, 19, 28
  3-6 meses, 64
  6-9 meses, 72, 88, 89, 90, 96
  9-12 meses114, 118, 120, 135
Copinhos, 98
Cubos de gelo, 114

D

Dançar, 56, 58, 91, 122, 127
Deixar objetos caírem, 88, 96
Desenvolvimento auditivo
  nascimento-3 meses, 12, 14, 22, 23, 24, 33, 34, 35
  3-6 meses, 49, 50, 51, 52, 53

6-9 meses, 60, 69, 70, 72, 73, 74, 75, 92, 93, 99, 100
9-12 meses, 105, 126, 127, 128, 129, 131

Desenvolvimento cognitivo
nascimento-3 meses, 12, 16, 21, 23, 36
3-6 meses, 40, 41, 51, 54, 56, 57, 58, 60, 61, 64, 66
6-9 meses, 68, 70, 71, 73, 79, 80
9-12 meses, 104, 105, 106, 107, 108, 120, 126, 128

Desenvolvimento da coordenação motora
nascimento-3 meses, 19, 29, 36, 37, 38
3-6 meses, 41, 45, 46, 47, 48, 54, 55, 56, 59, 60, 61, 62, 63, 64
6-9 meses, 72, 76, 77, 81, 83, 87, 88, 90, 93, 96, 97, 98, 101
9-12 meses, 104, 110, 111, 114, 116, 117, 118, 119, 120, 121, 122, 124, 125, 127, 130, 135

Desenvolvimento da fala
nascimento-3 meses, 14, 16, 20, 23, 31, 32, 35
3-6 meses, 41, 44, 47, 49, 50, 51, 52, 53, 60, 65, 66
6-9 meses, 69, 75, 78, 81, 82, 83, 84, 89, 92, 93, 99, 100, 102
9-12 meses, 107, 109, 113, 123, 127, 131, 133, 135, 136, 137, 138

Desenvolvimento da memória
3-6 meses, 60, 66
6-9 meses, 71, 79, 80, 81, 83, 84, 85, 86, 91, 96
9-12 meses, 105, 106, 107, 108, 119, 120, 123, 135, 136

Desenvolvimento do equilíbrio, 45, 59, 77, 110, 121, 122, 125
Desenvolvimento dos músculos grandes
nascimento-3 meses, 29, 30
3-6 meses, 45, 46, 47, 48, 54, 55, 56, 60, 62, 63, 88, 101
9-12 meses, 110, 111, 116, 117, 119, 123, 125

Desenvolvimento emocional
nascimento-3 meses, 13, 17, 18
3-6 meses, 42, 49, 60
6-9 meses, 77, 78, 91, 94, 95, 97
9-12 meses, 106, 107, 108, 110, 115, 118, 130, 134, 139

Desenvolvimento muscular
nascimento-3 meses, 19, 29, 30
3-6 meses, 145, 46, 47, 48, 54, 55, 56, 60, 62, 63
6-9 meses, 76, 77, 87, 88, 96, 101
9-12 meses, 116, 117, 119, 124, 125

Desenvolvimento visual
nascimento-3 meses, 12, 17, 19, 20, 21, 22, 23, 24, 25, 26, 28, 32, 36
3-6 meses, 40, 41, 42, 65, 66
6-9 meses, 68, 86

E
Embalar
nascimento-3 meses, 13, 18, 37, 38
3-6 meses, 59
6-9 meses, 68, 83, 95
Ervilhas, 90
Esponjas, 98
Estimulação tátil
nascimento-3 meses, 16, 17, 25
3-6 meses, 42, 44, 48, 52, 58, 60, 63

6-9 meses, 69, 72, 73, 74, 89, 90, 98

9-12 meses, 104, 110, 111, 112, 113, 126, 137

Estimulação

nascimento-3 meses, 12, 16, 25, 33

3-6 meses, 42, 50, 54, 57, 58, 59, 65

6-9 meses, 68, 72, 73, 76, 79, 80, 81, 82, 83, 84, 85, 86, 91

9-12 meses, 104, 105, 106, 107, 108

Exercícios de acompanhar

nascimento-3 meses, 12, 17, 19, 20, 21, 22, 23, 24, 36

3-6 meses, 40, 42, 55, 65, 66

Exercícios de caminhar

nascimento-3 meses, 28, 29

3-6 meses, 47

9-12 meses, 121, 125

Exercícios de engatinhar

nascimento-3 meses, 28, 29

3-6 meses, 45, 59, 62, 63

6-9 meses, 70, 101

Exercícios sentado, 76, 77

Expressões faciais, 22, 31, 68, 119, 139

F

"Fala de criança", 14, 33, 131

Fazer compras, 138

Flores, 25

Fotografias, 139

Fotografias de família, 36, 107, 108

G

Garrafas plásticas, 73

Gordon, Edward, 73

Gravações, 42

Gravadores, 15, 50

H

Habilidade matemática

6-9 meses, 70, 71

9-12 meses, 105, 106, 120, 126, 127, 128, 135

Histórias, 139

J

Janelas, 42

L

Lã, 25, 89

Laços, 24

Lanternas, 65

Laranjas, 25

Lavadora de pratos, 15

Leach, Penelope, 49

Lenços, 21, 23, 125

Linguagem de sinais, 102

Livros, 100, 102, 137

Luzes à noite, 26

M

Mãos, 40

Máquinas de lavar roupa, 42

Marchar, 58, 121, 130

Massagem, 12

Móbiles, 26, 36

Montar nos ombros, 121

Movimentos sinuosos, 62

Mudar de mão, 64

Música, 15, 22, 23, 29, 30, 56, 57, 58, 61, 70, 73, 85, 91, 92, 93, 99, 122, 126, 127, 128, 129, 130

N

Newsweek, 92

O

Olhar, 32, 40

Ouvir, 51, 99

P

Panelas, 71
Papel de celofane, 69
Papel de seda, 69
Para aumentar a confiança
  nascimento-3meses, 13, 19, 29
  3-6 meses, 44, 45, 46, 48, 49,
  51, 52, 53, 56, 58, 62
  6-9 meses, 70, 76, 77, 79, 80,
  81, 82, 83, 84, 85, 86, 101
  9-12 meses, 107, 108, 118,
  121, 122, 131, 133, 135,
Para aumentar a segurança
  3-6 meses, 48, 59
  6-9 meses, 71, 77, 78, 79, 80,
  81, 83, 84, 85, 86, 94, 95
  9-12 meses, 110, 111, 115,
  121, 122
Passeio de carrinho, 117
Pegar no colo
  nascimento-3 meses, 13, 17,
  18, 28
  3-6 meses, 44, 45, 54, 58, 59
  6-9 meses, 78, 91, 95
  9-12 meses, 110, 111, 121, 129
Plástico colorido, 65
Poemas, 18, 20, 24, 35, 37, 40,
  42, 47, 48, 55, 56, 59, 60, 61,
  63, 72, 74, 75, 78, 83, 86, 87,
  95, 109, 110, 111, 117, 118,
  134

R

Reconhecimento da voz, 12, 24,
  33
Reconhecimento de palavras
  nascimento-3 meses, 12, 16,
  20, 24
  3-6 meses, 41, 42, 44, 45, 47,
  49, 52, 53
  6-9 meses, 74, 75, 78, 89, 93,
  97, 100

9-12 meses, 104, 107, 109,
  117, 123, 128, 130, 131, 132,
  133, 136, 137, 138
Relógios, 105
Rolar, 38, 55, 118

S

Sacos de papel, 106
Sapatinhos de bebê, 54
Secadora, 42
Sinos, 54
Sombras, 26
Soprar, 16

T

Tecidos, 25, 89
Tecidos felpudos, 25
Toalhas, 80, 82
Toalhas de banho, 112, 113
Travesseiros, 101

U

Universidade de Konstanz, 92
Universidade do Alabama, 81
Ursinhos de pelúcia, 55

V

Veludo, 89
Versos infantis, 28, 35, 56, 59,
  113, 122
Virar, 28

Referências

Livros

Bergen, D. e J. Coscia. 2001. *Brain research and early child-hood education: Implications for educators.* Olney, MD: Association for Childhood Education International.

Brown, S. 2009. *Play: How it shapes the brain, opens the imagination, and invigorates the soul.* Nova York: Penguin.

Caine, G. e R. Caine. 2009. *Making Connections: Teaching and the human brain.* Chicago: Addison-Wesley.

Carnegie Corporation of New York. 1994. *Starting Points: Meeting the needs of our youngest children.* Nova York: Carnegie Corporation.

Eliot, L. 1999. *What's going on in there? How the brain and mind develop in the first five years of life.* Nova York: Bantam.

Eliot, L. 2009. *Pink brain, blue brain: How small differences grow into troublesome gaps – and what we can do about it.* Nova York: Mariner Books.

Elkind, D. 2000. *The power of play: How spontaneous, imaginative activities lead to happier, healthier children.* Cambridge, MA. Da Cappo Press.

Gardner, H. 1983. *Frames of mind: The theory of multiple intelligences.* Nova York: Basic Books.

Gerhardt, S. 2004. *Why love matters: How affection shapes a baby's brain.* Nova York: Brunner-Routledge.

Goodwin, S. e Acredolo. 2005. *Baby hearts: A guide to giving your child an emotional head start.* Nova York: Bantam.

Gopnik, A., A. N. Meltzoff, P. K. Kuhl. 2000. *The scientist in the crib: What early learning tell us about the mind.* Nova York: HarperCollins.

Gordon, M. 2005. *The roots of empathy: Changing the world child by child.* Toronto: Thomas Allen Publishers.

125 Brincadeiras para Bebês

Hirsh-Pasek, K. e R. M. Golinkoff. 2004. *Einestein never used flashcards*. Emmaus, PA: Rodale.

Howard, P. J. 1994. *The owners' manual for the brain: Everyday applications from mind-brain research*. Austin, TX: Leornian Press.

Kotulak, R. 1996. *Inside the brain: Revolutionary discoveries of how the mind works*. Kansas City, MO: Andrews and McMell.

Langer, E. J. 1997. *The power of mindful learning*. Cambridge, MA: Da Capo Press.

Medina, J. 2008. *Brain rules: 12 principles for surviving and thriving at work, home, and school*. Seattle, WA: Pear Press.

Medina, J. 2010. *Brain rules for baby: How to raise a smart and happy child from zero to five*. Seattle, WA: Pear Press.

Riley, D., R. R. San Juan, J. Klinkner e A. Ramminger, 2008. *Social & emotional development: Connecting science and practice in early childhood settings*. St. Paul, MN: Redleaf Press.

Schiller, P. 1999. *Start smart: Building brain power in the early years*. Beltsville, MD: Gryphon House.

Shore, R. 1997. *Rethinking the brain: New insights into early development*. Nova York: Families and Work Institute.

Silberg, J. 2009. *125 Brincadeiras para estimular o cérebro da criança de 1 a 3 anos*. São Paulo: Editora Ground.

Silberg, J. 2013. *Bebês superespertos: Brincadeiras para curtir e aprender*. São Paulo: Editora Ground.

Sylwester, R. 1995. *A celebration of neurons: An educator's guide to the human brain*. Alexandria, VA: Association for Supervision and Curriculum Development.

Websites

Better Brains for Babies
http://www.fcs.uga.edu/ext/bbb
BrainNet
http://www.brainnet.org
The Dana Foundation
http://www.dana.org
Talaris Institute
http:www.talaris.org
Zero to Three: National Center for Infants, Toddlers, and Families
http://www.zerotothree.org

Vídeos

Can you pass the all-time great parent test? Chicago: McCormick Tribune Foundation. 49 min.

Brazelton, T. B. 2004. *10 things every child needs for the best start in life.*

Kuhl, P. *The linguistic genius of babies.* Filmado em outubro de 2010. TED video, 10:18. Exibido em fevereiro de 2011. http://www.ted.com/talks/patricia_kull_the_linguistic_genius_of_babies.html

Perry, B. "Dr. Bruce Perry, childhood development on LIVING SMART with Patricia Gras." YouTube video, 26:41, de *Houston PBS Living Smart*, exibido por "HoustonPBS", 15 de março de 2010, http://www.youtube.com/watch?v=vak-iDwZJY8

Reiner, R. *The first years last forever.* Da série I Am Your Child. Produzido por Parents' Action for Children and Rob Reiner. 1 de maio de 2005. DVD, 30 min.

Artigos

Caine, R. N., G. Caine, C. L. McClintic e K. J. Klimek. 2004. *12 Brain/Mind learning principles in action – One author's personal journey.* New Horizons for Learning.

Highfield, R. 2008. *Harvard's baby brain research lab.* The Telegraph, 30 de abril.

Swidley, N. 2007. *Rush, little baby.* Boston Globe, 28 de outubro.

125 Brincadeiras para Bebês

LEIA TAMBÉM DA EDITORA GROUND

O Livro
SHANTALA - *Uma arte tradicional - massagem para Bebês*
Frédérick Leboyer

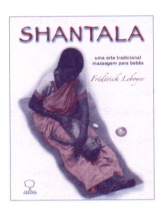

Shantala tornou-se um livro famoso em todo o mundo. Além do aspecto científico, o autor conciliou poeticamente as explicações da técnica de massagem em bebês com a sabedoria milenar de seu uso, transformando este livro num instrumento de puro deleite para a mãe e o bebê.

O Filme
SHANTALA - *Uma arte tradicional - massagem para Bebês*
Frédérick Leboyer

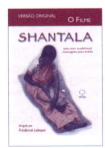

Frédérick Leboyer guardou esta gravação por vários anos (apesar de ter sido filmada na época em que fez as fotos que deram origem ao famoso livro Shantala). Hoje, entretanto, ela se torna um complemento natural indispensável, na medida em que muitas pessoas tornaram esta prática profissional.

125 Brincadeiras
para estimular o cérebro da criança de 1 a 3 anos
Jackie Silberg

Continuação natural de *125 Brincadeiras para Estimular o Cérebro do Seu Bebê*, este livro estimula adequadamente o cérebro da criança de 1 a 3 anos tendo como base uma coletânea divertidíssima de atividades que preparam o futuro do seu filho.

Bebês Superespertos
brincadeiras para curtir e aprender
Jackie Silberg

Os bebês não precisam de brinquedos caros. O melhor brinquedo que você pode dar a um bebê é interagir com ele o máximo possível.
As atividades sugeridas neste livro usam material comum em qualquer casa como bolas, caixas de cereal ou outras embalagens para desenvolver cordenação motora, destreza e habilidade.

Tirar a Fralda sem Choro e sem Trauma
Penny Warner e Paula Kelly

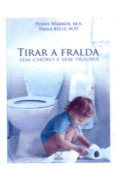

Guia para o treinamento livre de estresse que inclui: reconhecimento dos sinais de prontidão, ensino e premiação de cada passo do progresso, como lidar com as recaídas e, sobretudo, como tomar divertido o processo. Também mostra técnicas criativas e conta histórias de pais bem sucedidos na administração deste período específico da vida de pais e filhos.

Brincando com o Yoga
Elisabetta Furlan

As técnicas do Yoga são apresentadas à criança com graça e humor, mostrando sua relação com posturas de animais. O livro pode ser usado para o ensino do Yoga por crianças de 3 a 10 anos, seja por sua própria conta ou acompanhadas por adultos, pais ou professores. Um engraçado pôster colorido acompanha o livro, visualizando a prática de seis animadas aulas passo a passo.

Yoga para Crianças
Heike Brand

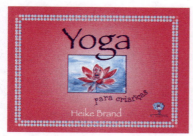

De maneira agradável e lúdica, este livro traz os fundamentos do Yoga voltados para o pequeno público, apresentando as técnicas em meio a um campo fértil e criativo. Também oferece apoio pedagógico para os Instrutores e estimula a reflexão do ponto de vista filosófico na aplicação das técnicas do Yoga.

Ginástica Doce e Yoga para Crianças
Claude Cabrol e Paul Raymond

Os exercícios sugeridos, especialmente elaborados para crianças de 3 a 9 anos, ajudam a criança a ganhar consciência do seu próprio corpo e de suas possibilidades. O método se dirige tanto aos pais quanto aos professores. Alguns minutos são suficientes para estimular ou acalmar as crianças.